프리웨이

당신이 하나님을 더 깊이 알아 가고 더 널리 알리는 사람이 되는 것. 이 책에 담긴 예수전도단의 마음입니다. 말씀을 통해 저자가 깨닫고, 원고를 통해 저희가 누릴 수 있었던 그 감동이 책을 통해 당신에게도 전해지기 원합니다. 그리고 당신을 통해 그 기쁨과 은혜가 더 많은 이에게 계속해서 흘러가기를 기도하겠습니다. 이 책을 통해 당신이 받은 은혜를 다른 분들에게도 나눠 주십시오. 사랑하고 축복합니다.

ⓒ 박해영 2019

본 저작물의 저작권은 도서출판 예수전도단에 있습니다.
저작권법에 의해 보호받는 저작물이므로 무단 전재와 복제를 금합니다.

프리웨이
Freeway

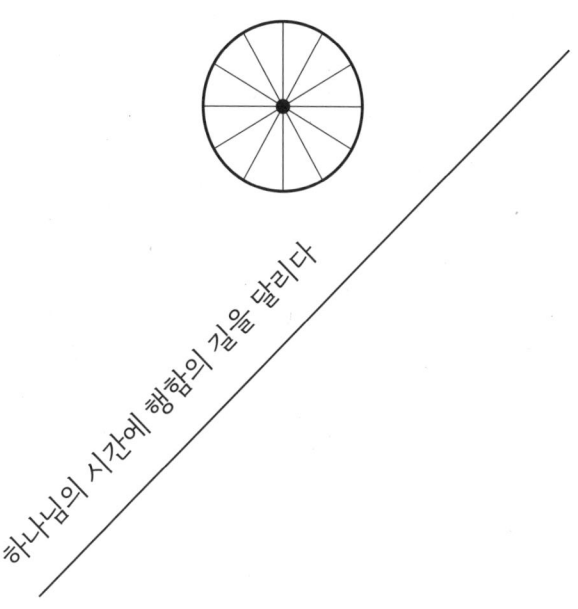

하나님의 시간에 행함의 길을 달리다

박해영 지음

예수전도단

추천사 · 가나다 순

『프리웨이』는 저자의 첫 번째 책 『우선멈춤』의 다음 이야기다. 저자는 좋은 소식을 전하는데 탁월한 스토리텔러다. 저자의 스토리를 읽으면 가슴이 뛴다. 하나님이 살아계심을 경험하게 된다. 거룩한 기대가 가슴에서 솟구쳐 올라온다.

우리는 길을 전환하거나 새로운 길을 향해 나아갈 때 우선멈춤의 시간을 갖는다. 우선멈춤은 하나님의 음성을 듣고 하나님의 인도를 받는 시간이다. 하나님이 보여주시는 길을 살피는 시간이다. 우리는 우선멈춤을 통해 하나님이 인도하시는 길, 즉 프리웨이로 들어서게 된다.

프리웨이는 길에 대한 이야기다. 하나님이 보여주시는 길, 인도해주시는 길에 대한 이야기다. 길 되신 예수님에 대한 이야기다. 하나님이 어떻게 성령님을 통해 선교의 길을 열어주시는지에 대한 아름다운 이야기다.

프리웨이는 광야에 길을, 사막에 강을 내시는 하나님의 이야기다. 하나님이 보여주시는 길은 인간의 상상을 초월하고, 인간의 경험을 초월한다. 누가 하나님이 홍해에 길을 내실 것이라고 생각했겠는가? 누가 하나님께서 흉측한 십자가에서 구원의 길을 내실 것이라고 생각했겠는가? 세상 지혜로는 생각할 수 없는 길을 성령님은 우리에게 보여주신다. 좁은 길, 고난의 길, 십자가의 길은 세상이 좋아하는 길이 아니다. 오직 하나님의 사람들만이 사랑하는 길이다. 거룩한 기대를 가지고 걸어가는 길이다. 그 이유는 하나님이 고난의 길 속에 보배를 감추어 놓으신 것을 알기 때문이다.

선교는 모험이다. 길이 뚜렷이 보이지는 않지만, 말씀에 순종해서 첫걸음을 내딛는 것이 선교다. 하지만 하나님이 보여주시는 길에 들어서면 영혼 구원을 위한 프리웨이가 열린다. 모든 길이 다 막혀도 하나님이 열어주시는 길은 열려있다. 하나님은 길을 아시고, 길을 보여주시고, 길을 만들어 주시고, 길이 되시는 분이다. 우선멈춤을 넘어 프리웨이를 향해 나아가기 원하는 분들에게 이 책을 추천하고 싶다. 하나님의 음성을 듣고도 머뭇거리는 분들에게 이 책을 추천하고 싶다. 순종의 첫걸음을 내딛음으로 하나님의 선교 역사를 경험하기 원하는 분들에게 이 책을 추천하고 싶다.

/ 강준민 (L.A. 새생명비전교회 담임)

모든 일은 때가 있다고 합니다. 그런데 그때가 내게 오더라도 그에 합당한 자세와 준비가 된 사람은 많지가 않습니다. 많은 사람이 지루하게 기회가 오기를 기다리지만 믿음으로 일어날 일을 현실적으로 준비하지는 못합니다. 사실 준비만 되었다고 되지도 않습니다. 그 기회를 올라타고 프리웨이를 달리듯이 전속력으로 질주하기 위해서는 용감해야 합니다. 이러한 용감함은 겉으로 드러나는 힘이 아니라 끊임없이 자기를 부인하고 화평을 위해 겸손해지는 과정에서 자라납니다. 『프리웨이』는 주님께서 기회를 주실 때, 남은 인생을 불태우고 싶을 때, 순종해야 할 때, 인생의 방향 전환을 해야 할 때, 어떻게 안전하면서도 용감하게 질주할 수 있을지 가르쳐주는 글입니다.

저자 박해영 교수님은 자신의 전 저서인 『우선멈춤』에서처럼 잠잠히 기다리는 인내와 인고의 시간이 있을 때 비로소 프리웨이에 들어설 수 있다고 삶으로 말합니다. 19년 동안 옆에서 존경과 우정으로 그의 삶을 지켜본 사람으로서 『프리웨이』는 박해영 교수님의 삶과 간증이 묻어나는 서적이며, 읽을수록 주님이 드러나고, 묵상할수록 주를 위해 더 질주하고 싶어지는 책입니다. 귀한 책을 추천할 수 있음에 감사드립니다.

/ 김예녹 (미국 풀러신학교, 커뮤니케이션 선교학 분야 부교수)

추천사

저자 박해영 박사는 탁월한 지혜와 경험으로 늘 귀감이 되는 신실한 사역자이다. 열방대학교와 풀러 선교대학원에서 배운 학문의 깊이와 함께 몽골 선교사역, 미주에서의 목회 경험을 바탕으로 한 저서를 통해 독자들에게 신선한 도전을 주고 있다. 그의 두 번째 책 『프리웨이』는 '행동으로 옮기는 삶', '변화되는 인생'을 말하고 있다. 저자는 우리에게 세상을 향해서 적극적으로 달려가라고 권한다. 여러 가지 신학적이고 선교학적인 주제들을 성경 말씀과 다양한 예화들로 풀어 읽기 쉬우면서도 깊이 있는 감동을 주는 책이기도 하다. 특히 중보기도에 대한 이야기, 신장을 기증하려고 했던 간증, 성령세례, 몽골에서 중보기도의 경험 등은 저자의 선교사역 가운데 생생하게 임하신 하나님의 역사를 보여주며, 그가 주장하는 '행동으로 옮기는 삶'을 살도록 우리에게 격려를 더한다. 이 책은 선교사들, 목회자들 그리고 평신도들에게 하나님의 말씀과 함께 살아있는 경험을 접목하는 삶이 어떠한가를 실제로 보여주는 내용으로 모두에게 적극적으로 권하는 바이다.

/ 김창환 (풀러신학대학원 코리안센터 원장, 공적신학 교수)

몇 해 전 태국이었던가? 저자를 만났던 적이 있다. 당시 저자는 선교사로 섬기고 있었던 몽골에서 추방을 당하고 미국에 머문 지 꽤 시간이 지난 후였다. 당연히 미국 한인교회에서 새롭게 터전을 마련하고 거기에 머무를 거라 여겼다. 그런데 저자를 만난 모임은 다름 아닌 중국 선교사들의 모임이었다. 나는 의아했다. 그가 왜 거기 왔는지, 도무지 알 수가 없었다. 식사 때 만나서 나눈 이야기가 그 자리에서 다음 식사 때까지 이어졌다. 알고 보니 그는 중국 선교사

로 그리고 중국 북부의 내몽골지역의 선교사로 섬기기 위해 북경에 새로운 터
전을 잡고 언어를 배우고 있었다.
 그리고 다시 몇 해가 지난 후 중국 정부의 종교정책을 피해 어쩔 수 없이 중
국을 떠났다는 소식을 들었다. 나는 무척 당황스러웠다. 저자뿐 아니라 여러
중국 선교사가 겪고 있었던 일인지라 뭐라 말을 이을 수가 없었다. 저자에게는
다시 '우선멈춤'이었다. 그러나 이어서 들려온 것은 동아시아를 위한 동원 사역
을 미국 서부에서 이전보다 더 발 빠르게 하고 있다는 소식이었다.
 역시 그였다. 그는 언제든지 열정이 가득했다. 그의 이야기를 듣다 보면 나
도 흥분을 자제할 수가 없다. 하나님의 역사를 듣다보면 뭔가 빨려 들어가는
느낌이든다. 그는 언제나 그랬다. 몽골에서도, 추방을 당한 이후에도, 북경에
서도, 또다시 미국에서도 그는 그랬다.
 '프리웨이'를 달려가는 그의 모습이 눈앞에 선하게 그려진다. 책에서 말한 대
로 그는 '우선멈춤'에서 배운 것을 토대로 '프리웨이'를 마음껏 달릴 것이다. 주
님이 이끄시는 대로 그분을 위한 그분의 사역을, 그분의 동역자partner로서 멋
지게 감당해줄 것을 기대한다.

/ **박석건** (예수전도단 前대표)

박해영 선교사는 하나님의 부르심에 민감한 일꾼입니다. 복음 전도자로 선교
사로 부르심을 받았던 청년 시절부터 지금까지, 하나님께서 "가라!" 하면 그곳
이 아무리 낯설고 위험한 길이라도 즉각 나섰습니다. 그는 하나님이 보내신 땅
에서 하나님이 만나게 하신 사람들에게 뜨거운 사랑과 열정으로 전념합니다.
가장 힘들고 어려운 시기였던 1993년 몽골 땅에 기약 없이 선교사로 입국하여
활발하게 일했고, 핍박 속에서도 황무지 같은 땅에 아름다운 생명의 공동체와
선교센터를 세웠습니다. 그러나 하나님께서 "멈추라!" 하면 이미 마련된 안정

추천사

된 사역을 내려놓고, 새로운 부르심을 받아 더 힘들고 안정이 보장되지 않은 사역 현장으로 떠났습니다.

박해영 선교사는 개척하는 사람입니다. 그는 가는 곳마다 선교 베이스를 만들었습니다. 몽골뿐만 아니라 호주와 미국에서, 중국에서 하나님의 일꾼들을 세우고 선교 기관을 설립했습니다. 하지만 정작 본인은 계속해서 안정된 생활을 할 수 없는 고난의 삶을 살았습니다.

『프리웨이』는 박해영 선교사가 30년 넘게 달려간 선교 여정과 말씀에 따라 순종한 그의 내면의 고백입니다. 말씀을 묵상하고, 말씀을 자신의 삶과 선교 사역에 적용하고, 실천한 결과와 사례들이 이 책에 담겨있기에 누구라도 쉽게 읽으면서 공감할 수 있습니다. 그의 소중한 선교 경험을 통해 성경에 근거한 하나님의 은혜를 함께 체험할 수 있기에, 이 책을 기쁘게 추천합니다.

/ 윤순재 (주안대학원대학교 총장)

박해영 선교사님은 YWAM 선교단체의 오랜 동역자이며, 존경하는 사역자입니다. 그의 두 번째 책 『프리웨이』의 추천사를 부탁받았을 때, 첫 번째 책인 『우선멈춤』을 통해 받았던 많은 은혜가 떠올랐습니다. 그리고 이번에는 또 어떤 이야기를 우리에게 들려줄까 하는 흥분과 기대가 생겼습니다.

20여 년 전 하와이 코나 열방대학에서 처음 뵌 후 지금까지, 저자는 자신의 삶을 통해 '우선멈춤'과 '프리웨이'의 은혜를 그대로 보여주고 계십니다. 주님 앞에서의 멈춤이 주님과 교제하고 나를 돌아보는 시간이라면, 이제는 어떻게 순종의 걸음을 통해 나아가야 하는지를 말하고 있습니다. 무엇보다 저자 자신이 그런 삶을 살아오고 있음을 제가 보고 있기에 더욱 마음에 와닿았습니다.

지금도 하나님의 부르심에 순종함으로, 멈추지 않고 하루하루 성장하며 나아가기를 원하는 많은 이가 있습니다. 그 모든 분께 이 책이 도전하고자 하는 마음을 불러일으키고 명확한 방향을 제시해 줄 것입니다. 더불어 순종으로 나아갈 때 잠시 멈춤의 시간이 필요하다고 느끼신다면, 저자의 첫 번째 책 『우선멈춤』을 꼭 함께 읽으시길 바랍니다.

/ **이창훈** (제주열방대학 대표)

추천사 004
프롤로그 012

제1부
폭풍 속에도

뱃머리를 돌리신 예수님 018 | 한 영혼을 만나기 위해 022 | 복의 통로 삼으시고 024 | 무너진 곳을 향하여 029 | 기도 달리기 032 | 두 손을 포개어 034 | 새벽의 프리웨이 045 | 하나님이 신뢰하는 자, 욥 049 | 거룩한 예배자 056

제2부
하나님의 임재 아래

내가 여호와인 줄 알게 하겠다 064 | 재앙을 흔들어 형통으로 070 | 한 사람을 향한 사랑 074 | 다윗의 눈으로 077 | 거룩하다 거룩하다 080 | 성전 앞 죄인, 이사야 082 | 정결케 하시네 085 | 하나님의 시간에 088 | 두 사람의 기다림 090 | 오직 믿음으로 095 | 하나님과 숨바꼭질 099 | 그럼에도 불구하고 105 | 끝까지 술래하기 110

제3부
질주의 자격

성벽 위의 파수꾼 114 | 일하시는 하나님 118 | 기도의 수레바퀴 120 | 신발 속 돌멩이 124 | CEO 하나님 128 | 보이지 않는 전쟁 136 | 물 댄 동산 141 | 일터에서 기도하라 144 | 드러내시는 성령님 149

제4부
목적지에 다다를 때까지

당황하셨습니까? 161 | 방향 바꾸기 163 | 특별한 멈춤 167 | 오벳에돔, 작은 충성 170 | 축복으로 이어지는 순종 174 | 핏값의 예배 176 | 춤추는 예배자 다윗 181 | 코람 데오 188 | 네가 나를 사랑하느냐 191 | 생명 다해 프리웨이 195

에필로그 200

FREEWAY

미국에도 한국의 고속도로와 같은 길이 있다. 신호등이나 교차로가 없어 막힘없이 달릴 수 있는 길, 바로 프리웨이Freeway다. 그런데 가끔 이 프리웨이도 막힐 때가 있다. 그럴 때면 프리웨이 안에 있는 카풀 레인carpool lane이라는 승합차 전용도로를 이용한다. 프리웨이 왼쪽 제일 끝 두 개의 노란색 실선이 있는 1차선으로, 2인 이상 합승한 차들만 이용이 가능하다. 한국으로 치자면 버스 전용차선 같은 도로이다. 이 길 역시 가끔 막히는 경우가 있지만, 어쨌든 일반 도로인 로컬 길local way보다는 목적지에 빨리 도착할 수 있다는 장점이 있다.

보통 목적지가 정해지면 가장 먼저 하는 일이 무엇인가? 아마도 가장 빨리 갈 수 있는 방법을 찾을 것이다. 기왕이면 막히지 않을 길을 찾아 빠르게 목적지에 도착하고 싶은 것이 대부분의 사람들의 마음이다. 특히 '빨리빨리' 문화에 익숙해진 한국인에겐 더더욱 그렇다.

어느 날, 하나님께서 아브라함을 불러 말씀하셨다.

"아브라함아, 저 하늘의 별이 보이지? 내가 네 자손을 저 하늘의 별과 같이 번성하게 할 거란다. 그들은 너를 믿음의 조상으로 여길 거야."

성경을 보면 하나님께서는 여러 믿음의 선배들에게 다양한 방법으로 비전을 보여주셨다. 야곱은 하늘의 천사들이 사다리를 타고 내리는 환상을 보았고, 요셉은 일찍이 하나님의 은총을 받아 보릿단과 하늘의 해, 달,

별이 자신에게 절하는 꿈을 꿔 형제들의 시기를 받았다. 친히 하나님께서 보여주신 비전을 보고 이들의 마음은 얼마나 벅차올랐을까? 하지만 그들을 기다리고 있던 것은 그리 달콤하지 않았다. 쓰디쓴 고난과 기다림이었다. 실패와 낙심, 하나님의 침묵이 길게 드리워진 길이었다. 목적지가 저 멀리 반짝이고 있지만, 그곳에 닿기가 쉽지만은 않았다. 그렇지만 각자에게 주어진 길을 따라 그들은 끝내 목적지에 도달했다.

우리들도 비전이 있다. 하나님께서 허락하신 너무나 중요하고 값진, 삶의 목적이자 꿈이다. 하나님은 우리에게 빛나는 비전을 보여주시며, 함께 그것을 향해 달려보지 않겠냐고 초청하신다.

이제 선택과 행함은 우리의 몫이다. 그 목적지를 향해 어떤 길을 택해 달릴 것인지 신중을 기해 선택해야 한다. 프리웨이를 달릴 것인지, 카풀 레인으로 접어들 것인지, 아니면 로컬 길로 천천히 갈 것인지 선택하고 행하는 것은 우리의 몫이다. 물론 어느 길이든 올라서면 분명 목적지에는 도달한다. 우리가 기도하고 행하면 반드시 응답하시는 것처럼 말이다. 그러나 우리의 행함이 프리웨이인지, 카풀 레인인지, 로컬 길인지에 따라 하나님의 응답과 시간은 달라질 수 있다.

이처럼 우리는 살아가는 동안 늘 선택의 기로에 서게 된다. 그때마다 무엇을 선택해야 할지 고민하고 갈등해야 한다. 일단 선택하면 책임은 스스로가 져야 하기 때문이다. 그러니 모든 선택과 결정에 심사숙고할 수밖에 없다. 그럴 때 우리는 누구를 의지해야 할까?

> 예수께서 이르시되 내가 곧 길이요 진리요 생명이니 나로 말미암지 않고는 아버지께로 올 자가 없느니라 (요 14:6)

그렇다. 구원의 길은 단 한길 예수님밖에 없다. 하나님의 부르심에 합당하게 살기 위해서는 하나님의 음성을 듣고, 목적지를 향해 나아가는 방법뿐이다. 어떤 길로 가야 할지 하는 최선의 선택은 오직 하나님의 음성을 듣고 결정할 때 열린다. 선택은 우리의 몫이고, 축복은 하나님이 하신다. 우리가 그분의 음성을 잘 듣고 바른길을 선택하고 행한다면, 하나님은 막힌 도로를 프리웨이로 바꿔주신다. 분명 그렇게 해주신다.

그럼에도 불구하고 우리의 모습은 어떤가? 이미 하나님은 천성 길을 향한 튼튼한 차량을 우리의 명의로 예비해두셨고, 막힘없이 시원한 프리웨이까지 열어주셨다. 거기에 예수 그리스도라는 내비게이션으로 가야 할 길을 명확히 보여주셨다. 우리는 그 길에 올라 달리기만 하면 된다. 그럼에도 우리는 어떤가? 여전히 주저하고 두려워하며 그 길에 올라서지 못하고 있지는 않은가?

여호와여 주의 도를 내게 보이시고 주의 길을 내게 가르치소서
(시 25:4)

하나님께서 주시는 우선멈춤Stop Sign은 Being이다. 하나님 안에 머무는 평안이고 회복이며, 그분의 존재를 받아들이고 느끼는 안정감이다. 하지만 프리웨이Freeway를 달리는 것은 Doing이다. 행하는 것이다. 성취하는 것이고, 열매 맺는 것이다. 우리의 삶 가운데, 사역 가운데 하나님께서 정하신 길을 찾아 그분과 함께 달리는 것이다. 하나님과의 친밀함을 넘어 동역자partner로 함께 신나게 달리는 것이다. 부르심에 합당하게 사는 삶, 하나님께서 부여하신 풍성한 삶을 누리며 자신감 있게 세상을 이끌고 나아갈 당신을 축복한다.

지금부터 프리웨이를 힘차게 달려보자!

2019. 7
Los Angeles에서 박해영

제1부
폭풍 속에도

하나님의 프리웨이를 상상해본 적이 있는가? 하나님은 무한히 펼쳐진 평야를 막힘없이 뚫고 가시는 분이다. 잃어버린 한 영혼을 향해 액셀을 밟으신다. 속도를 내신다. 앞의 어떤 장애물도 하나님의 가속을 저지할 수 없다. 뜨겁게 달궈진 엔진은 오늘도 변함없이 가동 중이다. 거룩한 예배자를 향해, 무너져버린 성을 향해서 말이다. 이제 우리도 하나님과 동일한 목적지로 마음을 모아야 할 때다. 기도는 죽은 것을 되살리는 회복의 힘이 있다. 뜨겁게, 힘차게, 하나님이 부어주시는 권능으로 멈추지 않고 달리게 하는 힘은 기도에 있다. 기도의 엔진을 채워 폭풍 속에도 성큼성큼 걸어가시는 하나님을 따라 프리웨이를 달려보자.

뱃머리를 돌리신 예수님

SNS Social Network Service가 1세기에도 있었다면, 예수님은 K-POP Korean Popular Music 스타보다도 더 큰 주목을 끄셨을 것이다. 각종 SNS에 '유대인의 아이돌'이란 해시태그 #hash tag가 넘쳐났을지도 모른다. 주님의 부흥집회를 찍어 유튜브 Youtube에 업로드하면 순식간에 '좋아요' 반응이 솟구치며, 인기 유튜버가 될지도 모를 일이다. 아이돌과 비할 데 없는, 메시아로 강림하셨으니 말이다. 지금도 매년 3-5억 권의 성경이 전 세계 2,500개 이상의 언어로 번역되어 배포되고 있다. 지금도 이런데 예수님이 활동하던 당시에는 얼마나 더 뜨거웠을까? 가는 곳마다 이적과 기적이 일어났고, 허다한 무리가 그 광경을 보고 예수님을 좇았다.

마가복음엔 주님의 유명세가 잘 나와 있다. 예수님은 중풍병자 등 각종 병든 사람들을 고치셨다. 바닷가에 모인 큰 무리를 가르치기도 하셨고, 갈릴리에서도 많은 사람들을 만나기도 하셨다. 유대와 예루살렘, 이두매와 요단강 건너편, 두로와 시돈 근처의 많은 무리가 예수님이 행하시는 이적과 기적을 보았으며, 그들이 에워싸 미는 가운데에도 많은 사람을 고치셨다. 식사할 겨를도 없이 설교하셨다.

예수께서 제자들과 함께 바다로 물러가시니 갈릴리에서 큰 무리가 따르며 유대와 예루살렘과 이두매와 요단 강 건너편과 또 두로와 시돈 근처에서 많은 무리가 그가 하신 큰 일을 듣고 나아오는지라
(막 3:7-8)

주님의 부흥집회는 대박 행진의 연속이었다. 배고픔과 병듦으로부터 구원해 줄 메시아, 진정한 우리 왕이 나셨다고 모두가 잔뜩 고조된 상태였다. 그렇게만 되면 그동안 압제 당했던 상처들이 치유되고 가난이 사라질 것이라고 믿었다. 제자들조차 주님의 나라가 임하면 나는 우의정에 너는 좌의정에 서서 나라를 통치할 것이라며 기대감에 부풀어 있었다.

그 날 저물 때에 제자들에게 이르시되 우리가 저편으로 건너가자

하시니 그들이 무리를 떠나 예수를 배에 계신 그대로 모시고 가매 다른 배들도 함께 하더니 (막 4:35-36)

모두가 박수와 환호에 젖어있던 그때, 예수님이 뱃머리를 돌리신 곳은 거라사 지방이었다. 거라사 지방은 요단강 동편에 위치한 곳으로 데가볼리의 10개의 도시(스키토폴리스, 디온, 펠라, 거라사, 빌라델비아, 가다라, 라파나, 카나타, 힙포스, 다메섹)가 모여있는 곳이다. 제자들은 이 여세를 몰아 저편으로 가면 수많은 사람이 자신들을 기다리고 있다고 믿었다. 유대 사람들보다 더 많은 데가볼리 사람들이 그들을 환대할 것이고, 기적의 행진은 멈추지 않을 것이라고 생각했다. 베드로는 의기양양하게 말했다.

"얘들아, 준비해라! 거라사로 간다."

"데가볼리 10개의 도시가 우리를 기다리고 있다."

"가룟 유다, 넌 돈궤를 잘 준비하고. 빌립! 넌 예수님이 드실 수 있는 간식을 준비해…."

요한이 물었다.

"형, 나는 뭘 준비하지?"

"넌 예수님의 잠자리를 책임져."

그들은 잔뜩 기대에 부풀어 바다를 건넌 이후의 일들을 준비했다.

제자들과 예수님은 거라사 지역으로 배를 타고 갔다. 처음에는 갈릴리 호수가 아주 잔잔했다. 그런데 갑자기 큰 광풍이 일어나더니 배 안에 물이 가득 찼다. 침몰 직전이었다. 제자들은 혼비백산했다. 그들은 자신의 경험에 의지해 위기 상황을 극복하려고 온갖 애를 다 썼지만 해결할 수 없었다. 결국 그들은 자신의 한계를 인정하고 도움을 구하기로 했다. 그들은 잠시 잊고 있던 예수님을 기억했다. 배 뒤쪽에서 주무시던 예수님을 깨우며 간청했다. 그들은 죽음이 코앞에 왔다며 자신들을 돌봐달라고 했다.

> 예수께서는 고물에서 베개를 베고 주무시더니 제자들이 깨우며 이르되 선생님이여 우리가 죽게 된 것을 돌보지 아니하시나이까 하니 (막 4:38)

예수님이 일어나 바람을 꾸짖고 바다를 향해 명령하셨다.
"잠잠하라. 고요하라."
순식간에 광풍이 거짓말처럼 잔잔해졌다. 제자들은 놀라움을 금치 못했다.
"우리 예수님은 자연도 순종하네…."
"와! 정말 대단하시다…!"
제자들은 예수님의 이적을 보고 놀랐고, 심지어 그분이 두려워지기까지 했다. 예수님이 살아계신 하나님, 온 우주 만물을 창조하신 하나님의 아들임을 어렴풋이 깨닫게 되었다. 폭풍 가운데서도 죽음의 위기에도 예수님을 바라보고 간구하면 살 길이 있다는 것을 경험했다. 폭풍 속에서도 질주를 멈추지 않도록 주님이 역사하신 것이다.

한 영혼을 만나기 위해

그 대단하신 분, 바람과 바다를 명하여 잠잠케 하시는 예수님이 거라사 지역에 도착했다. 예수님은 자신이 그곳에 온 분명한 이유와 목적을 알고 계셨다. 예수님도 제자들의 마음을 아셨지만, 예수님의 계획은 달랐다.

제자들의 기대와는 달리 환호하는 무리는 없었다. 예수님과 제자들을 기다리는 이들도, 그들을 환영하는 10개 도시의 시민들과 집회도 없었다. 대신 제자들이 전혀 기대하지 않았던 사람이 있었다. 귀신들린 사람, 미쳐버린 한 사람이 예수님을 기다리고 있었다. 예수님은 그와 만날 걸 이미 알고 계셨다.

> 예수께서 바다 건너편 거라사인의 지방에 이르러 배에서 나오시매 곧 더러운 귀신 들린 사람이 무덤 사이에서 나와 예수를 만나니라
> (막 5:1-2)

이 이야기에는 한 가지 흥미로운 점이 있다. 저자 마가가 예수님께서 중풍병자를 고치는 기적, 손 마른 사람, 나환자, 야이로 회당장의 죽은 딸을 살리는 사건은 짧게 적은 반면, 거라사 지방

에 귀신들린 사람을 자유롭게 하시는 사건은 무려 스무 절이나 기록했다. 게다가 마가복음 5장 1-20절에 예수님의 제자들은 단 한 번도 등장하지 않는다. 마가가 제자들의 상황을 기록하지 않았던 것은 아마 제자들이 군대 귀신들린 사람을 보고 너무 무서워서 도망갔거나 벌벌 떨고 있었거나 아니면 기가 막혀서 아무 말도 할 수 없었기 때문일 수도 있다. 추측하건대 마가는 오로지 이 사건을 다른 사람들이 아닌 예수님과 거라사인을 위한 일로 기록하고 싶었던 것 같다. 예수님도 오직 그에게만 관심이 있으셨다. 이 사건은 예수님과의 그의 일대일 만남이었다.

예수님이 모든 박수와 환호를 뒤로하고 무리를 떠나셨을 때는 그분의 특별한 이유가 있었다. 그분은 아무도 원치 않는 곳으로 뱃머리를 돌리셔서 광풍을 꾸짖으시고 거라사에 오셨다. 그렇게 바쁘게 움직이셨던 예수님이 제자들과 함께 폭풍 속으로 들어가시기로 결정하고, 폭풍을 넘어 거라사 지방까지 오신 것이다. 예수님의 목적은 단 한 가지였다. 병든 자를 찾기 위해서였다. 한 영혼을 만나 치유하시기 위해서였다. 예수님은 한 영혼을 찾아 나섰고, 그 광인은 기다리고 있었다.

너희 생각에는 어떠하냐 만일 어떤 사람이 양 백 마리가 있는데 그 중의 하나가 길을 잃었으면 그 아흔아홉 마리를 산에 두고 가서 길 잃은 양을 찾지 않겠느냐 (마 18:12)

사실 우리도 거라사 지역의 귀신들린 사람처럼 소망도 희망도 없는 죄인이 아니었나? 예수님은 그런 분이다. 인생의 절벽에 몰려 삶에 대한 기대가 없는 자들을 찾아가 먼저 손 내미시는 분이다. 보기에는 거친 풍랑을 잠잠케 한 사건이 더 놀랍고 위대해 보인다. 하지만 더 중요한 게 있다. 그분이 먼저 우리를 찾아오셨다는 사실이다. 자연만물을 창조하시고 다스리시는 분, 위엄 있고 전능하신 예수님, 죽은 자를 살리시고 병든 자를 고치시는 예수님께서 오늘 우리를 찾아오신다.

복의 통로 삼으시고

예수님은 거라사 지역에 도착하자마자 광인과 대면하셨다. 예수님은 목적을 지체하지 않고 곧장 수행하시는 분이다. 예수님은 자신의 사역을 위해서라면 주저 없이 달리시는 분이었다. 3년의 공생애를 위해 30년을 멈추셨던 예수님이다. 하지만 프리웨이에 오르신 예수님은 쉬지 않고 달리신다. 그는 여러 사람을 위해 달리기도 하시지만, 온전히 한 명의 병든 자를 고치기 위해 달리기도 하신다.

> 큰 소리로 부르짖어 이르되 지극히 높으신 하나님의 아들 예수여 나와 당신이 무슨 상관이 있나이까 원하건대 하나님 앞에 맹세하고 나를 괴롭히지 마옵소서 하니 (막 5:7)

거라사인은 예수님을 처음 뵈었지만 그분이 하나님의 아들이심을 인정했다. 귀신에게 초자연적인 지식이 있기 때문이었다. 그는 예수님을 만나자마자 달려와 절했다. 그를 찬양했다. 그러면서 그는 자신이 예수님과 관련이 없다며 자신을 괴롭히지 말라고 하였다. 하지만 예수님은 귀신을 꾸짖고 그에게서 나오라 하셨다.

> 이는 예수께서 이미 그에게 이르시기를 더러운 귀신아 그 사람에게서 나오라 하셨음이라 (막 5:8)

이전까지 그는 날마다 무덤 사이에서 외롭게 살았다. 군대 귀신이 들어가서 너무 힘이 세기 때문에 아무도 그를 쇠사슬로 맬 수 없었다. 아무도 그를 제어할 수 없었기에 그는 방치되었다. 예수님께서 그런 그에게 물으셨다.
"네 이름이 무엇이냐."
"내 이름은 군대입니다."
군대 귀신은 자기를 이 마을에서 내보내지 말아 달라고 부탁했다. 그리고는 2,000여 마리의 돼지 떼 속으로 들어가게 해달라고 했다. 예수님이 허락하시자 돼지들에게 악령이 들어갔고, 이내 비탈로 내리 달려갔다. 그리고 돼지들은 호수로 들어가 전부 다 몰사 당했다.

예수께 이르러 그 귀신 들렸던 자 곧 군대 귀신 지폈던 자가 옷을 입고 정신이 온전하여 앉은 것을 보고 두려워하더라 (막 5:15)

예수님은 한 영혼을 찾아오셨고, 그 영혼은 하나님의 때에 예수님을 만났다. 그는 귀신이 들려 밤낮으로 무덤 사이에서나 산에서나 늘 소리를 지르며 자기의 몸을 해쳤다. 얼마나 고통스러웠는지 날카로운 돌로 자기의 살을 베고, 상처를 내서 온몸이 피범벅이 되었다. 아마도 죽고 싶어서 자살을 시도했는지도 모른다. 그러나 아무도 그를 치유할 수는 없었다.

그는 육체적으로만 쇠사슬에 매여 있는 것이 아니었다. 영적인 쇠사슬에 매여 있고, 정서적인 쇠사슬에 매여 있었으며, 불편한 관계에서 오는 쇠사슬과 용서하지 않아 생긴 쇠사슬에 매여 있었다. 주님은 그렇게 날마다 고통 속에 있던 한 영혼을 찾아와 치유하셨다.

하나님은 흑암 속에 있는 한 영혼을 빛 가운데로 인도하셔서 자유롭게 하셨다. 홀로 있던 그에게 찾아가셔서 위로하셨다. 주님은 육체적인 쇠사슬, 영적인 쇠사슬, 정서적인 쇠사슬, 묶여 있는 죄의 쇠사슬을 끊어 주신다. 아픈 상처들을 치유하신다. 우리가 마음 문을 열면 예수님께서 우리를 찾아오신다.

여호와의 말씀이니라 그들이 쫓겨난 자라 하매 시온을 찾는 자가 없은즉 내가 너의 상처로부터 새 살이 돋아나게 하여 너를 고쳐 주

리라(렘 30:17)

거라사인은 육체적, 영적, 정서적인 쇠사슬에서 자유롭게 된 후 바로 예수님을 따라가겠다고 했다. 악령에 씌워 멈춰 있던 그가 예수님을 만나 프리웨이를 달리기로 한다. 거라사인은 예수님의 제자가 되기로 결심했다. 그는 가만히 있고 싶지 않았다. 예수님의 제자로서 그분의 복음 전파 사역에 동참하고 싶었다. 자신이 경험한 예수님을 사람들에게 알려야만 했다. 그 일을 하지 않고서는 견딜 수가 없었다.

예수께서 배에 오르실 때에 귀신 들렸던 사람이 함께 있기를 간구하였으나 허락하지 아니하시고 그에게 이르시되 집으로 돌아가 주께서 네게 어떻게 큰 일을 행하사 너를 불쌍히 여기신 것을 네 가족에게 알리라 하시니 그가 가서 예수께서 자기에게 어떻게 큰 일 행하셨는지를 데가볼리에 전파하니 모든 사람이 놀랍게 여기더라 (막 5:18-20)

예수님은 그의 경험을 가족에게 알리라고 하셨다. 하지만 요즘 말로 투 머치 토커too much talker인 그는 가족뿐 아니라 데가볼리 10개 도시에 두루 다니며 복음을 전파했다. 데가볼리에 있는 사람들이 그 일을 놀랍게 여겼다.

내가 여호와를 기다리고 기다렸더니 귀를 기울이사 나의 부르짖음
을 들으셨도다 나를 기가 막힐 웅덩이와 수렁에서 끌어올리시고 내
발을 반석 위에 두사 내 걸음을 견고하게 하셨도다 (시 40:1-2)

시편 기자는 하나님에 대해 이렇게 고백했다. 자신이 감당 못
할 기가 막힌 웅덩이와 수렁에서 자신을 건지셨다고, 반석 위에
세우시며 걸음을 견고하게 하셨다고 말이다. 거라사인도 이 같
이 고백하지 않았을까?

거라사인의 전도가 있었기에 마가복음 7장에 나온 수로보니
게 여인도 예수님께 나아와 기적을 경험할 수 있었다. 그의 전도
로 갈릴리 바다 근처 두로와 시돈 지역, 데가볼리 지역에 예수님
이 전해졌다. 이로써 예수님의 광범위한 사역이 펼쳐질 수 있는
기반이 마련되었다. 불행했던 그가 복의 통로가 된 것이다.

그는 선지자 이사야를 통하여 말씀하신 자라 일렀으되 광야에 외치
는 자의 소리가 있어 이르되 너희는 주의 길을 준비하라 그가 오실
길을 곧게 하라 하였느니라 (마 3:3)

세례요한은 예수님의 길을 예비했다. 세례요한처럼 거라사인
은 데가볼리 10개 도시와 그 주변 지역에 복음을 전했다. 소망
없던 그가 예수님으로 인해 새 삶을 얻었다. 어둠 가운데 있던
그가 빛 가운데로 나아갔다. 그는 자신이 경험한 예수님을 전하

지 않을 수 없어 전하고 또 전했다. 그렇다. 예수님은 흑암 속에 있는 한 영혼을 빛 가운데로 인도하시는 분이다. 그리고 그를 복의 통로로 삼으신다. 그를 인도해 하나님의 일을 감당할 힘을 허락하시는 분, 그분이 바로 우리 하나님이다.

무너진 곳을 향하여

거라사인은 무너져 있던 곳을 찾아가 자신이 구원받은 사실을 전했다. 귀신 나간 사람처럼 주님의 구원을 받은 사람들이 무너진 곳을 향해 나아가고 있다. 하지만 여전히 복음을 전해야 할 무너진 곳들이 많다. 아래의 말씀은 너무나도 슬프다.

> 이 땅을 위하여 성을 쌓으며 성 무너진 데를 막아서서 나로 하여금 멸하지 못하게 할 사람을 내가 그 가운데에서 찾다가 찾지 못하였으므로 (겔 22:30)

성이 무너졌는데 그 성을 다시 쌓는 사람이 없었고, 그 성의 무너진 데를 막아서는 사람도 없었다. 얼마나 안타까운 현실인가? 성이 무너졌다는 것은 나라가 망했다는 의미이다. 하나님을 떠나 세상 풍조를 따라가고 있다는 말이다. 이스라엘 백성들의 정체성이 흔들렸다는 것이며, 그들의 미래가 없어졌다는 의미이다. 그 무너진 성을 다시 쌓으면 잃어버린 미래를 되찾고 회복이 임할 텐데, 아무도 성을 다시 쌓을 생각을 하지 않았다.

또한 무너진 성을 쌓기 위해 시급한 것은 중보기도인데, 그 성에는 기도하는 자가 없었다. 하나님께서는 무너진 성과 하나님의 백성들을 위해 기도하는 한 사람을 찾으신다. 하나님은 그들에게 기도하라고 하신다.

> 그러므로 내가 첫째로 권하노니 모든 사람을 위하여 간구와 기도와 도고와 감사를 하되 임금들과 높은 지위에 있는 모든 사람을 위하여 하라 이는 우리가 모든 경건과 단정함으로 고요하고 평안한 생활을 하려 함이라 (딤전 2:1-2)

주님은 무너지고 있는 성을 위해 중보기도하는 자가 없어서 안타까워하신다. 에스겔서 21장과 22장을 보면 이스라엘 백성들이 얼마나 타락하고 하나님을 거역하며 우상을 숭배했는지 알 수 있다. 그런 이스라엘 백성들로 인해 여호와 하나님께서 화가 많이 나셨다.

> 내가 내 분노를 그들 위에 쏟으며 내 진노의 불로 멸하여 그들 행위대로 그들 머리에 보응하였느니라 주 여호와의 말씀이니라 (겔 22:31)

만약 그 땅을 위해 눈물 흘리고 가슴을 찢으며 중보기도하는 한 사람이 있다면, 에스겔서 22장의 이 말씀을 새로 쓸 수 있을 것이다. 그 사람은 하나님이 찾으시는 사람, 성의 무너진 데를 막아서는 사람이다. 하나님께서는 이 땅을 위해 성을 쌓고, 성의 무너진 데를 막아서는 한 사람을 찾으신다.

만약 우리가 영적으로 무너진 나라와 민족을 위해 기도하는 사람으로 바로 선다면, 하나님은 진노를 축복으로 바꾸어주실 것이다. 중보기도하는 사람은 하늘 보좌도 움직인다.

웹스터 사전Webster Dictionary은 기도를 "피조물인 인간이 자신의 의지와 지성을 사용하여 경건히 그리고 겸손히 신에게 접근하는 행위"라고 정의하고 있다. 중보기도자는 경건하고 겸손하게 하나님과 함께하는 자이다. 그는 하나님의 친밀한 동역자가 되어 그분의 나라를 확장하며 하나님의 협력자로서 그분의 뜻을 실행해가는 특권을 가진다. 하나님의 동역자는 하늘의 비밀을 발견하게 된다. 자신이 아는 비밀을 다른 사람들에게 전달하며, 하나님의 축복을 전한다.

그리스도인은 모든 이들을 위해 기도해야 한다. 권세자들, 교회와 사역자들, 상전들과 종들, 아이들, 친구들, 병든 자들뿐만 아니라 핍박자들, 원수들, 시기하는 자들, 우리를 곤경에 빠뜨리는 자들, 하나님을 대적하는 사람들을 위해서도 기도해야 한다. 하나님의 백성들과 함께하며 그 백성들을 대신해서 하나님께 그들의 마음을 전달해야 한다.

기도 달리기

타지에서도 마찬가지다. 기도는 필수다. 타지에서 하는 선교사역은 기도와 기적, 하나님의 강력한 임재가 없으면 할 수 없다. 기도할 때 하늘 보좌가 움직인다. 하나님의 임재를 경험하는 사람은 하나님의 얼굴을 구하지 않을 수 없고, 밟고 선 땅을 위해 기도하지 않을 수 없다.

어렸을 때부터 중보기도하시는 부모님을 보고 자랐다. 아버지는 살아계실 때 하루에 3~5시간씩 우리나라와 세계 열방을 위해 기도하셨다. 어머니는 늦은 밤 교회에 가서 기도하시다가 쪽잠을 잔 후 새벽녘에 종소리를 듣고 일어나 새벽 제단을 쌓으셨다. 그 덕에 고등학교 2학년 내내 어머니를 따라 철야 기도와 새벽 기도를 드리기도 했다.

어머니는 지병이 있으셨다. 심장이 약해서 나를 낳으시자마자 부산의 한 종합병원에 입원하셨고, 나는 4살까지 할머니 손에 자랐다. 어머니는 기도를 늘 놓지 않으셨다. 부흥회가 있을 때마다 내 손을 잡고 기도원에 다니셨고, 그 간절한 기도로 회복되셨다. 여든이 넘은 지금까지도 백발의 중보기도자로 한국과 민족, 열방을 위해 기도하고 계신다. 그렇게 내 인생은 어릴 때부터 지금까지 기도 없이는 살아갈 수 없는 인생이었다.

어린 시절부터 경험한 기도와 영적 훈련은 내 사역에 중요한 영향을 끼쳤다. 몽골에서 사역하면서 다르항이라는 지역에 교회를 개척했다. 우리 팀은 다르항에서 시작해 러시아 국경으로 이어지는 작은 도시에 교회를 개척하겠다는 목표로 됐고, 몽골 북단 끝 마을 '알퉁볼락'에 가게 되었다. 우리는 알퉁볼락의 제일 높은 곳에 올라가서 하나님의 얼굴을 구하며 기도하기 시작했다. 기도할 때 주님은 한 가정을 보여주셨다. 그 가정에 복음을 전하고 그곳에서 교회를 시작해야겠다고 결정했다. 기도 후 함께 갔던 사역자들과 하나님께서 응답하신 말씀이 있는지 나누었다. 놀랍게도 세 명의 사역자 모두 같은 집을 보았고, 그 집으로 갔더니 한 할머니가 우리를 환영해주었다. 하나님이 맺어주신 인연은 참으로 놀라웠다. 알고 보니 이 할머니는 동네에서 영향력이 큰 유지였다. 그렇게 할머니와 할머니 가족을 시작으로 알퉁볼락 교회 사역을 시작할 수 있었다. 하나님이 알퉁볼락을 위해서 중보기도하는 한 사람을 찾으셨다는 사실이 느껴졌다. 교회 개척팀과 할머니가 하나님 앞에 서서 기도했다. 우리는 "하나님, 이 땅을 고쳐주소서."라고 외치며 하나님의 얼굴을 구했다. 할머니는 하나님을 사랑하고 열정적으로 교회를 섬겼다. 할머니의 헌신이 교회의 부흥을 가져왔다.

훗날 할머니는 나에게 장례식을 치러달라는 특별한 유언을 남기고 세상을 떠나셨다. 몽골의 전통적인 장례를 해치지 않는 범위에서 하나님을 경험할 수 있는 예배의 시간이었다. 믿는 사람도 믿지 않는 사람도 슬픔을 기쁨으로 바꾸시고, 위로하시는 하나님을 경험할 수 있었다. 할머니의 죽음 이후 더 많은 사람들이 주님 품으로 돌아왔다. 우리와 할머니의 헌신적인 기도에 하나님이 부흥으로 응답해주셨다.

내 이름으로 일컫는 내 백성이 그 악한 길에서 떠나 스스로 겸비하고 기도하여 내 얼굴을 구하면 내가 하늘에서 듣고 그 죄를 사하고 그 땅을 고칠지라 (대하 7:14)

우리가 기도로 달렸을 때 하나님이 일하셨다. 기도하지 않고 멈춰 있었다면, 아무 일도 일어나지 않았을 것이다. 우리가 행동했기에 하나님도 우릴 통해 일하셨던 것이다. 성 무너진 데를 바라보며 기도했기에 그곳에 회복이 임했다. 우리가 두 손을 포개어 기도하자 주님은 두 손을 들어 역사하셨다.

두 손을 포개어

몽골에서 추방되어 미국으로 간지 얼마 되지 않아 새생명비전교회에 부목사로 전임 사역을 하게 되었다. 40대 공동체, 성가대, 찬양팀, 경조부, 중보기도팀 등 여러 사역을 맡았다. 그 당시는 새생명비전교회의 선임 부목사인 H목사를 위한 중보기도를 집중적으로 하던 때였다. H목사는 몇 년 전부터 신장 두 개가 제 기능을 못해 매일 복막 투석을 해야 했다. 뇌사자들의 신장 기증은 적어도 5년 이상은 기다려야 했기에 우리는 더 간절히 기도할 수밖에 없었다. 나는 중보기도 팀 사역뿐만 아니라 성도님들과 함께 기관별로 모임을 할 때마다 H목사를 위해 기도했다.

전임 부목사로 들어간 지 3개월이 되는 시기에 H목사가 우리 부부를 식사에 초대했다. H목사 집은 약 냄새로 가득했다. 선입견이 생길 정도로 강한 냄새가 코를 자극했다. 식탁이 꽤 컸는데도 삼분의 일이 약품이었고, 식사를 하는 내내 약 냄새가 났다. 식사 후 복막 투석하는 방에 들어가 보니 특수 침대가 보였다. H목사는 매일 많은 양의 수액으로 복막 투석을 하고 있었다.

집으로 돌아가는 발걸음은 한없이 무거웠다. H목사를 위한 기도가 한참 부족했다는 생각이 들었다. 나름 중보기도 실력자라 자부했던 게 부끄러워졌다. 기도의 궤도에 올라섰지만 달리지 않고 정지해 있는 나 자신을 발견했다. 꿈쩍하지 않는 내 차 때문에 교통 체증이 왔다. 프리웨이가 혼잡해졌다.

주님은 곧 이런 내 마음에 노크를 하시면서 말씀하셨다.

"해영아! 너 두 개 있잖아."

"뭐가요, 주님?"

"내가 신장을 두 개 준 이유가 뭔지 아니? 없는 사람에게 나눠 주라고 준 거야."

또렷한 주님의 음성이었다. 나는 못 들은 척 음악을 켜고 아내와 이야기하며 주님의 음성을 외면했다. 하지만 밤새 주님의 그 음성이 맴돌아 잠을 이룰 수 없었다. 침대에 누워 천장을 바라보니 H목사의 얼굴이 떠올랐다. 교회 사람들과 신장 기증자가 생기기를 눈물로 기도했던 것도 생각났다. 잠시 후 어렴풋이 H목사의 영정사진이 보였다. 환상이었다. 누군가가 주님의 몸 된 교회를 위해 수고하고 몸을 아끼지 않은 H목사의 신장이 멈춰버렸다고 했다. H목사의 영정사진 앞에는 내가 울며 서 있었다. 그날 밤 나는 주님께 기도로 여쭸다.

"하나님, 제 신장 하나를 주라는 말씀이신 거죠?"

"그래. 내가 네게 장기를 두 개 준 것은 없는 사람들에게 나눠줘서 내 사랑을 전하고 함께 살라는 이유에서란다. 네 신장을 H목사에게 주도록 해라. 네 모든 소유, 네 몸에 있는 장기까지도 내가 네게 준 것이니 내 말에 순종하도록 해라."

하나님은 이전과 동일하게 말씀하고 계셨다. 며칠이 지나 아내에게 그 이야기를 꺼냈다.

"여보! H목사님 있잖아."

"왜요? 당신 지금 신장 떼 주겠다는 말, 하려는 거죠? 당신 혼자 결정하지 않았으면 좋겠어요. H목사님의 건강을 위해 최선을 다해 기도하지만, 우리 가족도 생각해야지요."

아내는 내가 무슨 말을 하려는지 이미 알고 있다는 듯 대꾸했다.

"여보, 어떻게 알았어요? 그래, 맞아요. H목사에게 내 신장 떼어 주려고 해요…."

아내 말이 맞다. 내 신장은 내 것만이 아니었다. 그래서 아내와 아이들 그리고 한국에 계시는 부모님의 허락이 필요했다. 나는 바로 아이들을 불러 물어봤다.

"얘들아, H목사님 알지? 그분 신장 두 개가 다 죽어서 앞으로 복막투석을 계속해야 살 수 있대."

"아. 정말요? 정말 안 됐네요…."

"그래. 교회 사람들도 다들 기도하고 있어. 아빠가 신장이 두 개 있으니 하나를 떼 주려고 하는데 어떻게 생각해? 하나님도 그렇게 하라고 말씀하셨어."

"신장을 떼어주면 아빠 죽어요?"

"아니. 죽지는 않아."

"그럼, 주세요."

아이들 모두 금방 답을 했다. 사실 너무 쉽게 대답해서 조금 서운할 뻔했다. 그래도 아이들이 나의 결정을 지지해주는 것 같아 마음이 놓였다.

아내는 신장을 기증한 사람들이 어떻게 생활하는지 파악하러 다니기 시작했다. 신장 하나를 떼어준다고 해서 생명에 지장이 있는 건 아니었다. 하지만 지금처럼 힘차게 살지 못하며 선교지에도 다시 갈 수 없다고 했다. 이런 사실을 알고 아내는 나에게 기도하고 결정하자고 했다. 그리고 아내가 눈물로 H목사님을 위해 기도한 후에 하나님의 음성을 듣고 순종하기로 결정했다. 부모님께도 허락을 받기로 했다. 쉽지 않았지만 한국의 부모님도 허락하셨다.

H목사에게 전화했다.

"목사님, 제게 있는 신장 두 개 중 하나를 목사님께 드리고 싶습니다."

H목사는 전화를 들고 말을 잇지 못한 채 눈물을 흘렸다. 나도 함께 눈물을 흘렸다.

"박 목사, 난 당신의 신장을 받지 않을 겁니다. 나는 건강한 신장을 받고 싶어요. 몽골에서 험하게 사용한 신장은 내게 맞지 않아요."

"목사님, 몽골이 청정지역이라는 거 잊으셨습니까? 몽골 사람들 신장이 얼마나 튼튼한데요."

우리는 서로 눈물 섞인 목소리로 이야기를 주고받았다. 대화하는 내내 우리는 주님의 큰 사랑을 느꼈다.

얼마 후 나는 UCLA University of California, Los Angeles 병원에 신장 기증 신청서를 제출하기 위해 서류를 받아왔다. 식당에서 만난 H목사는 그 서류를 보고 밥을 먹지 못했다. 새생명비전교회 담임인 강준민 목사님은 이 소식을 듣고 설교 중에 예화로 사용할 수 있도록 허락해달라고 했다. 나는 지금은 안 되니 나중에 모든 수술이 성공하면 그때 설교하면 좋겠다고 했지만 강 목사님은 그다음 추수감사주일 설교 중에 우리 이야기를 했다.

"오늘은 추수감사주일입니다. 이 시간 감사할 일이 있어서 이야기하려고 합니다. 하나님은 서로 나누는 삶이 얼마나 아름답고 풍성한지 우리에게 알게 하셨습니다. 예수님은 온몸으로 나누는 삶을 사셨습니다. 감사하게도 신장 기증 지원자가 생겨 여러분들이 그동안 기도해 오셨던 H목사의 신장이식수술이 가능해졌습니다. 할렐루야!"

설교를 듣는 모든 성도님들은 다 손뼉을 쳤다. 우리는 한목소리로 하나님의 살아계심을 찬양했다.

"그리고 그 기증자는 저기 서 있는 박해영 목사입니다."

순간 환호하던 사람들이 박수를 멈췄다. 장내가 숙연해졌다. 모든 성도들은 침묵을 지켰고, 안타까움과 감동이 뒤섞인 묘한 분위기가 교회 전체에 흘렀다. 모든 예배를 마치고 성도들은 H목사 앞에서 축하와 감사의 메시지를 전달했다. 나에게는 걱정하는 마음과 함께 기도하겠다는 메시지를 전했다.

나는 수술 후에 H목사의 무너진 건강이 제대로 회복되길 바랐다. 그래서 H목사에게 조금이라도 더 건강한 신장을 이식해주고 싶었다. 나는 당장 교회 앞에 있는 도장에서 검도를 배웠다. 동료 부목사들도 H목사의 건강이 회복되길 기도하는 마음으로 함께 동참했다.

드디어 12월이 다가왔다. UCLA에서 신장이식을 위한 신체검사를 받았다. 일반 검사와는 다른 초정밀 검사였다. 신체검사 외에 몇 가지 조사도 있었다. 경찰과 정신과 의사까지 와서 내가 강압적으로 기증자가 된 것은 아닌지, 빚이 있어 신장을 팔 요량으로 기증을 하는 건 아닌지 확인했다. 경찰은 직선적인 질문을 했다.

"신장 수혜자와는 어떤 관계입니까?"

"같은 교회 동료입니다."

"수혜자와 안지 얼마나 됐죠?"

"3개월입니다."

"가족도 아니고 그렇게 깊이 아는 관계도 아닌데, 왜 신장을 기증하려고 하십니까? 좀 이상하네요."

나는 주저하지 않고 이야기했다.

"하나님의 사랑 때문입니다(Because of God's love)."

그렇다. 하나님의 사랑 때문이었다. 하나님의 사랑이 아니면 할 수 없는 일이었다. 그들도 그랬다. 종교적으로 해석하지 않으면 이해할 수 없는 행위였다. 경찰 관계자와 정신과 의사는 좀 더 살펴보더니 내가 정상이라는 판정을 내렸다. 그들이 나의 뜻을 이해해 준 것이다.

나는 오랫동안 선교사로 지내면서 사랑을 전해왔다. 당시 그 일을 겪으며 후원교회와 후원자들이 재정을 지원해주지 않았다면, 그간의 선교는 어려웠을 거란 생각이 들었다. 선교는 내가 한다고 생각했는데, 그들 역시 하나님의 사랑으로 했다는 걸 깨닫게 되었다. 그들이 섬길 수 있었던 건 하나님 사랑 때문이었다.

나는 부끄러워졌다. 나와 우리 가족, 팀원들이 직접 가서 몸으로 수고하고 섬기며 희생하는 것만 생각했지 후원해주는 이들의 수고와 헌신을 깊이 헤아리지 못했다. 그들의 기대와 기도만큼 최선을 다하지 못했다는 생각이 들었다. 그들이 하나님의 사랑으로 행동하는 만큼 내가 행동했는가 하는 물음도 뒤따랐다.

사역을 하고 있다는 생각에 빠져 실제적인 행동으로 옮긴 날이 얼마나 되는지에 대한 질문이 계속 맴돌았다. 이런 의문이 나를 많이 힘들게 했다.

신체검사 결과를 기다렸다. 너무 초조하고 긴장이 되면서도 나의 신장이 H목사에게 잘 맞아 그가 건강을 되찾을 수 있다면 얼마나 좋을까 기대하며 계속 기도했다. 결과가 나오기 전 수요일 설교 때마다 H목사는 예배당 뒤에서 연신 눈물을 흘렸다. 그리고 설교를 마치면 자신은 괜찮으니 지금이라도 신장 기증을 포기하라고 했다. 기증하면 그런 힘찬 설교를 하기 어려울 거고 몽골 같은 높은 산지로는 선교하러 가지 못할 수도 있다고 했다. 우리 가족은 이미 선교지로 다시 돌아가는 것을 포기한 상태여서 괜찮았다.

드디어 검사 결과가 나왔다. 나는 결과지를 받고 마음이 무거워졌다.

"신장을 떼어주면 당신이 위험해집니다. 때문에 우리 병원에서는 당신의 신장을 H목사에게 이식해줄 수 없습니다."

그날 나와 H목사는 결과를 받고 얼마나 울었는지 모른다. 나는 내 신장을 이식해줄 수 없어 안타까워서 울고, H목사는 나에게 이미 신장을 받은 거나 마찬가지라고 하며 내가 다시 선교지에 갈 수 있어 감사하다고 울었다. 다행스럽게도 얼마 후 H목사 사모님의 신장이 H목사의 몸에 거의 완벽하게 맞아 이식 수술을 했다. H목사는 건강을 많이 회복했고, 지금은 교회를 개척해서 사역을 감당하고 있다.

그때 이후로 검도를 계속하여 2단을 취득했고, 선교지에도 다시 나가게 되었다. 신장을 이식해주지는 못했지만, 그를 위해 중보기도를 했고 행동으로 실천했다는 것에 감사했다. 멈춰 있던 내가 프리웨이에 올라 출발할 수 있었다.

예수님은 이 땅에 오셔서 하나님의 나라를 선포하기 위해 기다리셨다. 그리고 하나님의 때에 제자들과 함께 실천에 옮기셨다. 중보자는 마냥 가만히 있지 않는다. 그는 프리웨이에 올라 행동함으로 기도를 이어간다. 예수님도 멈춰 계시기만 하지 않고, 행동하셨다. 그래서 우리는 예수님을 참 중보자라고 말할 수 있다.

또한 예수님은 영원한 대제사장이시다. 하나님과 우리 사이에 서서 우리를 변호하시는 분이다.

> 하나님은 한 분이시요 또 하나님과 사람 사이에 중보자도 한 분이시니 곧 사람이신 그리스도 예수라 (딤전 2:5)

> 오직 그리스도는 죄를 위하여 한 영원한 제사를 드리시고 하나님 우편에 앉으사 (히 10:12)

구약시대의 제사장은 모든 백성들을 위해 매번 제사를 드린다. 그러나 예수님은 우리 인류를 위해 자신이 십자가에 달려 돌아가심으로 제사를 드리셨고, 이로써 모든 율법을 완성하시고 영원한 중보자가 되셨다. 그러므로 우리는 예수님으로 말미암아 하나님과 직접 친밀한 교제를 할 수 있게 되었다. 참 중보자이신 예수님은 우리들이 시험에 들지 않도록 중보하신다. 우리가 시험 들었을 때는 우리를 위해 기도하시고 힘을 주신다. 그분이 바로 예수님이시다.

> 그러므로 자기를 힘입어 하나님께 나아가는 자들을 온전히 구원하실 수 있으니 이는 그가 항상 살아 계셔서 그들을 위하여 간구하심이라 (히 7:25)

> 누가 정죄하리요 죽으실 뿐 아니라 다시 살아나신 이는 그리스도 예수시니 그는 하나님 우편에 계신 자요 우리를 위하여 간구하시는 자시니라 (롬 8:34)

예수님은 연약한 자를 위해 기도하시는 분이다. 주님은 베드로의 믿음이 약해지지 않도록 기도하셨다. 제자들에게 주기도문을 가르치시며 그들의 믿음이 자라나길 원하셨고, 그들을 위해 중보하셨다.

> 시몬아, 시몬아, 보라 사탄이 너희를 밀 까부르듯 하려고 요구하였으나 그러나 내가 너를 위하여 네 믿음이 떨어지지 않기를 기도하

였노니 너는 돌이킨 후에 네 형제를 굳게 하라 (눅 22:31-32)

우리에게는 든든한 후원자가 있다. 그 후원자는 바로 예수님, 성령님이다. 예수님이 우리를 위해 믿음이 떨어지지 않게 기도해주시고, 성령님께서는 우리의 연약함을 강건케 하기 위해 중보하신다. 그러니 두려워할 것이 없다. 참 중보자 되시는 예수님이 계시기 때문이다. 예수님의 형상을 닮은 우리는 그분처럼 중보자로 부름을 받았다. 그리스도인들은 작은 중보자라고 할 수 있다. 예수님께서 하신 일들을 우리도 할 수 있는 특권을 소유한 것이다.

> 내가 진실로 진실로 너희에게 이르노니 나를 믿는 자는 내가 하는 일을 그도 할 것이요 또한 그보다 큰 일도 하리니 이는 내가 아버지께로 감이라 (요 14:12)

> 이와 같이 성령도 우리의 연약함을 도우시나니 우리는 마땅히 기도할 바를 알지 못하나 오직 성령이 말할 수 없는 탄식으로 우리를 위하여 친히 간구하시느니라 마음을 살피시는 이가 성령의 생각을 아시나니 이는 성령이 하나님의 뜻대로 성도를 위하여 간구하심이니라 (롬 8:26-27)

중보기도는 하나님의 백성이 겸손한 마음으로 성령님의 도우심을 힘입는 것이다. 그리고 참 중보자이신 예수로 말미암아 창조자요, 섭리자이신 하나님께 나아가는 것이다. 하나님의 얼굴을 구하고, 나 자신이 아닌 다른 사람들(가족, 친척, 친구, 사회, 국가 등)과 다른 민족들을 위해 간구하는 것이다. 우리는 중보자 되시는 주님을 의지하여 중보기도를 쉬지 않아야 한다. 그럴 때 우리 안에 있는 공동체성이 회복되고, 주님과 주변 사람들, 우리가 만나지 못한 민족과 열방이 하나 됨을 경험할 수 있다.

새벽의 프리웨이

새벽 아직도 밝기 전에 예수께서 일어나 나가 한적한 곳으로 가사 거기서 기도하시더니 시몬과 및 그와 함께 있는 자들이 예수의 뒤를 따라가 만나서 이르되 모든 사람이 주를 찾나이다 이르시되 우리가 다른 가까운 마을들로 가자 거기서도 전도하리니 내가 이를 위하여 왔노라 하시고 이에 온 갈릴리에 다니시며 그들의 여러 회당에서 전도하시고 또 귀신들을 내쫓으시더라 (막 1:35-39)

예수님의 일정은 빡빡한 일과의 연속이었다. 마가가 예수님의 일거수일투족을 꼼꼼히 기록했다. 마가복음 1장 21절 이하를 보면 예수님의 일정이 잘 나타나 있다. 예수님께서 새벽 미명에 기도하신 날과 그 전날은 안식일이었다. 예수님은 하루 종일 가버나움 회당에서 권세 있는 설교를 하시며 많은 사람을 놀라게 했다. 마가복음 1장 23-28절에 예수님은 더러운 귀신들린 사람에게서 그 귀신을 쫓아내는 이적을 행하셨다. 마가복음 1장 29-31절에서 예수님은 회당에서 나오셔서 야고보와 요한과 함께 시몬과 안드레의 집으로 가셨다. 그곳에서 시몬의 장모가 열병으로 누워있는 것을 보시고 손을 잡아 일으키시며 고쳐주셨다. 어쩌면 피곤한 몸을 쉬러 가시려 했을 텐데도 그곳에 또 환자를 보고 고쳐주셨다. 그뿐이 아니다. 마가복음 1장 32-34절에는 해가 저물 때에 모든 병자와 귀신들린 자를 예수께 데려오니 온 동네 사람이 문 앞에 모였다. 예수님은 각종 병든 사람을 고치시며 귀신을 쫓아내셨다. 안식일 밤이 늦기까지 예수님은 그렇게 바쁘게 일하셨다.

어두운 밤, 저물어 가는 그 안식일 저녁까지 예수님은 얼마나 많은 일을 하셨는지 모른다. 아마 지칠 대로 지치셨을 것이다. 그렇다면 그날 밤엔 좀 푹 쉬셔야 할 텐데, 주님은 다음 날 아침 이른 새벽에 한적한 곳에 가셔서 기도하셨다. 예수님은 구별된 시간인 새벽이 밝기 전에 구별된 장소로 나아가 기도하셨다. 예수님께서 습관을 따라 감람산에 기도하러 가셨다고 표현한 것으로 볼 때 예수님의 하루 일과 패턴이 어떠할지 보인다. 새벽 기도를 하시고, 말씀을 가르치시고, 귀신을 쫓아내시고, 병자를 고치시고, 때론 철야 기도도 하셨다. 예수님은 그렇게 영적으로 충전하시고, 사역 속으로 들어가셨다. 예수님은 기도하시는 일에 그의 모든 선교사역의 뿌리를 두셨다.

예수님의 일상생활을 기록한 성경에는 예수님께서 기도하신 것이 많이 쓰여 있다. 예를 들면 세례 받으실 때(눅 3:21), 열두 제자를 택할 때(눅 6:12), 제자들에게 신앙고백의 질문을 할 때(눅 9:18), 변화산에서 기도하실 때(눅 9:28), 그리고 제자들에게 기도를 가르치셨을 때(눅 11:1) 예수님은 기도하셨다. 예수님은 나사로의 무덤 앞에서도 기도하시고 이적을 행하셨으며(요 11:41-42), 예수님을 부인하는 베드로를 위해서도 기도하시고(눅 22:32), 성만찬에서나 겟세마네 동산에서, 심지어 십자가 위에서도(눅 23:34), 부활하신 후에도 기도하셨다. 특히 요한복음 17장은 유명한 대제사장 되신 예수님의 장엄한 기도의 내용이 기록되어 있다. 기도는 우리를 시련과 고통과 절망에서 회복의 길로 인도한다.

예수님께서 새벽을 깨우셨던 것처럼 새벽을 깨운 사람들이 많이 있다. 대표적인 사람이 바로 다윗이다. 시편에는 새벽을 깨운다는 말이 많이 나온다. 다윗은 새벽에 하나님이 그를 도우시고, 날이 밝기 전에 주의 말씀을 바랐다고 했다.

믿음의 조상 아브라함 역시 새벽을 깨운 자였다. 소돔과 고모라가 멸망하던 날 아침, 그가 어떤 일을 했는지 성경은 기록하고 있다.

아브라함이 그 아침에 일찍이 일어나 여호와 앞에 서 있던 곳에 이

르러(창 19:27)

아침에 일찍 일어나 하나님 앞에 나아가 새벽 기도를 드렸다는 말이다. 아브라함은 그의 하나밖에 없는 아들 이삭을 모리아 산에 제사하러 가던 날, 즉 하나님의 명령을 받고 마음 착잡하던 그날에도 아침 일찍 일어났다.

믿음으로 물질의 부자가 된 야곱 역시 아침형 인간이었다.

야곱이 아침에 일찍이 일어나 베개로 삼았던 돌을 가져다가 기둥으로 세우고 그 위에 기름을 붓고(창 28:18)

이스라엘의 탁월한 영도자 모세도 새벽 제단을 쌓았고, 뒤를 이은 여호수아 역시 마찬가지였다. 가나안 정복의 영웅 여호수아가 모세의 뒤를 이은 지도자가 되었던 것은 모두 그의 성실함과 부지런함에 있었다. 성경 여러 곳에 여호수아가 아침에 일찍 일어났다고 증거한다. 요단강을 마른 땅같이 건넜던 그날, 언약궤를 멘 제사장들도 아침에 일찍이 일어나 언약궤를 메고 요단강으로 갔다. 기도의 여인 한나 또한 새벽 기도를 통해 사무엘을 잉태하는 축복을 받았다.

새벽 기도를 갈 때면 빛이 거의 없어 어스름한 공기 속에 프리웨이를 타고 교회로 간다. 평상시 낮에는 교통체증으로 1시간 정도 잡아야 하는데 새벽에는 막힘없이 한적하다. 차들이 별로 없다. 그래서 시간이 단축된다. 차 안에서 찬양을 들으며 교회에 가는 길이 마치 차 안에서 벌어지는 부흥집회와도 같다. 새벽을 깨운 믿음의 사람들처럼 나도 새벽 기도를 성실히 하려고 한다. 아침마다 주님께서 부어주시는 은혜가 크다.

우리가 고요한 새벽을 깨우며 프리웨이를 타고 "오직 예수!"를 외칠 때 하늘과 땅이 진동할 것이다. "오직 예수!"를 부르짖을 때 막혀있던 문제들이 해결될 것이다. "오직 예수!"를 선포할 때 묶여 있는 영적인 부분들이 풀려나는 역사가 일어날 것이다. 영적인 프리웨이에서 주님과 카풀할 때, 하나님의 역사는 일어난다. 반드시!

하나님이 신뢰하는 자, 욥

주기철 목사님은 일제 때 신사참배에 맞서다가 순교한 평양 교회 영적 지도자이다. 손양원 목사님은 일제강점기 때 핍박받고 여수순천반란사건 때 순교했다. 그는 자신의 두 아들을 죽인 공산당 청년을 교화시켜 양아들로 삼았다. 한상동 목사님은 신사참배 운동을 하다 핍박을 받고 옥고 생활을 했던 장로교 영적 지도자이다. 이들은 어떠한 고난과 핍박이 와도 하나님을 배반하지 않았고, 있는 그 자리에서 하나님을 찬양하고 예배를 드렸던 목회자들이다. 이들이 옥고 생활을 할 때 하나님은 무엇을 하고 계셨을까? 하나님은 절대 쉬지 않으셨다. 그들이 핍박에도 이길 수 있도록 중보기도를 하셨다. 이들이 있었기에 한국에도 복음의 길이 열렸다. 그들이야말로 하나님과 카풀한 사람들이었다.

> 이와 같이 성령도 우리의 연약함을 도우시나니 우리는 마땅히 기도할 바를 알지 못하나 오직 성령이 말할 수 없는 탄식으로 우리를 위하여 친히 간구하시느니라 (롬 8:26)

핍박과 환난 하면 떠오르는 인물, 바로 '욥'이다. 어느 날 사탄이 욥을 시험하겠다고 하나님께 말했다.
"하나님, 당신의 손으로 욥의 살과 뼈를 쳐보세요. 그러면 욥은 반드시 당신을 원망할 겁니다."
하나님은 늘 욥이 자신을 경배하는 모습을 보면서 뿌듯해하셨다. 그리고 무엇보다 욥을 무척 신뢰하셨다. 이에 하나님은 사탄에게 욥을 맡기며 이야기했다.
"그를 네 손에 맡기노라. 다만 그의 생명은 해하지 말지니라."
하나님은 사탄이 어떤 고난을 줘도, 욥은 흔들리지 않을 거라는 걸 아셨다. 욥과의 친밀한 관계는 깨어지지 않을 것이며, 욥이 거룩하고 정직하게 살며 결단코 하나님을 배반하지 않는다는 것에 대해 의심하지 않으셨다. 하나님은 욥을 100% 신뢰하셨다. 그랬기에 사탄의 제안을 허락하신 것이다.
어느 날 욥의 자녀들이 욥의 장남 집에 모여서 함께 음식을 먹으며 포도주를 마시고 있었다. 그때 욥의 종이 욥에게 헐레벌떡 뛰어오더니 이렇게 말했다.

"주인님, 주인님! 소는 밭을 갈고 나귀는 그 곁에서 풀을 먹는데, 스바 사람이 갑자기 들이닥쳐서 짐승들을 빼앗고 칼로 종들을 죽였습니다요. 겨우 저만 빠져나왔습니다요…."

그 종이 보고를 마치기도 전에 다른 종이 왔다.

"주인님, 주인님! 하나님의 불이 하늘에서 떨어져서 양과 종들을 불살라버렸습니다요. 저만 겨우 피해서 왔습니다요."

이 보고를 마치기도 전에 다른 종도 뛰어왔다.

"갈대아 사람이 세 무리를 지어 갑자기 낙타들을 빼앗고 종들을 죽였습니다요. 저만 홀로 피해 나왔습니다요."

욥은 이 보고를 들으면서 정신이 없었다. 앞이 깜깜했다. 하나님의 자랑거리였던 거룩한 욥은 별안간 화염이 타오르는 고난을 뒤집어쓰게 되었다. 보고를 받는 중에 자녀들의 생각이 났다. 갑자기 불길한 예감이 스쳐 지나갔다. 아니나 다를까 보고가 끝나기도 전에 다른 종이 달려와 울면서 말했다.

"주인님, 주인님…. 욥 주인님. 주인님의 자녀들이 큰 도련님 집에서 먹고 마시는데 거친 들에서 큰 태풍이 불어와 집의 네 모퉁이를 쳐서 집이 무너지고, 주인님의 열 자녀들이 모두 다 죽었습니다요. 저만 홀로 피해왔습니다요."

이 사건을 다 전해 들은 욥은 망연자실했을 것이다. 하지만 그 순간 욥은 이해할 수 없는 말과 행동을 했다. 욥의 앞마당에서 정말 기가 막힌 일이 벌어졌다.

> 욥이 일어나 겉옷을 찢고 머리털을 밀고 땅에 엎드려 예배하며
> (욥 1:20)

종들이 지켜보고 있는데 욥은 겉옷을 찢고, 머리털을 밀고, 땅에 엎드려 하나님께 예배를 드렸다. 과연 욥이 제정신인 걸까? 그는 하루아침에 재산을 다 날리고 빈털터리가 되었다. 자녀들을 다 잃었다. 이것을 보고도 어떻게 "하나님이 합력하여 선을 이루셨다."라고 말할 수 있겠는가? 어떻게 "하나님의 뜻입니다."라고 고백할 수 있을까. 누가 이 상황에서 예배를 드릴 수 있을까. 그날 욥의 행동은 쉽지 않은 행함이었다.

딸 예진이가 6살 때 방울뱀에 물려 사경을 헤맨 적이 있다. 나도 그때는 하나님께 감사하다고 예배를 드렸지만 혹시라도 그 아이가 죽었다면, 그렇게 의연하게 지나가기가 쉽지는 않았을 것이다. 욥은 자식과 재산을 모두 잃었지만 하나님을 원망하지 않고 예배를 드렸다.

"아니, 하나님 어떻게 이럴 수가 있지요? 저는 자타가 공인하는 예배자입니다. 그리고 온전하고 정직하고 당신을 경외하며 예배드리는 사람이었고, 가정과 함께 거룩함을 유지했던 사람인데 어떻게 제게 그렇게 하실 수 있습니까?"

그는 이렇게 말하지 않았다. 욥은 다음과 같이 말했다.

이르되 내가 모태에서 알몸으로 나왔사온즉 또한 알몸이 그리로 돌아가올지라 주신 이도 여호와시요 거두신 이도 여호와시오니 여호와의 이름이 찬송을 받으실지니이다 하고 이 모든 일에 욥이 범죄하지 아니하고 하나님을 향하여 원망하지 아니하니라 (욥 1:21-22)

욥이 이렇게 억울한 환란을 당하고 자녀들까지 모두 죽고 나니, 동네 사람들이 다 모여서 욥을 불쌍하게 여겼다.

"쯧쯧쯧…. 욥의 하나님은 죽었나? 욥의 하나님은 어디 계신 건가?"

사람들 모두가 욥이 믿는 하나님을 무시하며 조롱했다.

동네 사람들뿐만 아니라 욥의 아내마저 욥을 비난했다. 첫 번째 재앙을 맞은 후 다시 욥에게 고난이 왔을 때였다. 사탄은 욥의 몸에 발바닥부터 정수리까지 종기가 나게 했다. 욥이 재 가운데 앉아서 질그릇 조각으로 몸을 벅벅 긁고 있었다. 아내가 다가왔다. 욥의 아내는 자식도 죽고 그렇게까지 고통을 받았는데, 온전함을 지키고 있는 굳은 심지가 참 대단하다며 비난했다. 그녀는 하나님 욕이나 하고 죽으라고 말했다. 그런 말을 듣고도 욥은 입으로 죄를 범하지 않았다. 욥이 이같이 말했다.

그가 이르되 그대의 말이 한 어리석은 여자의 말 같도다 우리가 하나님께 복을 받았은즉 화도 받지 아니하겠느냐 하고 이 모든 일에 욥이 입술로 범죄하지 아니하니라 (욥 2:10)

욥이 고통 가운데 있을 때 하나님 아버지는 무엇을 하고 계셨을까? 그냥 바라만 보고 계셨을까? 절대 아니다. 하나님은 그런 분이 아니시다. 우리 하나님 아버지는 분명 함께 고통을 분담하고 마음으로 욥을 응원하셨을 것이다. 예수님도 마찬가지였다. 예수님은 우리를 위해 십자가에서 죽으심으로 자신을 하나님께 드렸다. 십자가를 지심으로 온 인류를 구원하셨다. 예수님이 십자가에서 고통당하셨을 때, 하나님은 무엇을 하고 계셨을까? 하나뿐인 독생자 예수님이 고난을 받으실 때 너무도 마음이 아프셨을 것이다. 갈기갈기 찢어지는 가슴을 부둥켜안고, 하늘 끝에서 묵묵히 눈물을 흘리고 계셨을 것이다. 예수님은 그런 하나님의 마음을 알았다. 욥도 그랬다. 그는 모든 일을 하나님의 주권에 맡겼다.

욥은 그토록 힘든 고난에도 하나님을 부인하지 않았다. 욥은 하나님 아버지와 깊은 관계를 맺고 있었다. 욥은 하나님을 신뢰했고, 하나님은 욥을 신뢰했다. 무엇이 욥을 찬양하게 만들었을까? 욥에게는 자신이 하나님의 형상을 따라 지음 받았다는 확실한 믿음이 있었다.

미국에서 한인교회 청년부를 맡고 있을 때, 이슬람권 선교사님 한 분을 모시고 간증을 듣는 시간이 있었다. 그 선교사님은 이슬람 지역 가정교회들을 많이 개척하신 분이다. 선교사님은 교회 지도자들인 형제, 자매가 고통과 고난에도 행복하다고 고백했던 이야기를 해주셨다. 이 이야기를 듣고 참석한 사람들은 모두감동했다.

그들은 살아계신 예수님을 경험하고 있었다. 한 자매는 예수를 믿는다고 가족에게 맞았다. 아래위의 치아가 다 부러지고, 장이 파열됐다. 그럼에도 그 자매는 예수님을 부인하지 않았다. 예수님이 자기를 위해 십자가에 못 박히시고 3일 만에 부활하심을 믿었기 때문이다. 이후 선교사님이 찾아가서 기도했더니 놀라운 회복이 일어나기 시작했다. 한 형제는 이슬람 지도자의 아들인데 예수님을 믿게 되었다. 타 종교를 믿는다고 이슬람 지도자인 아버지와 형들이 그를 때렸고, 급기야 다리가 부러졌다. 그럼에도 불구하고 목발을 짚고 가정교회에 와서 이렇게 고백했다. "이제 내가 진정한 그리스도인이 되었다."

무엇이 그들로 하여금 예수님을 부인하지 않게 했을까? 무엇이 그들의 마음속에 살아계신 하나님을 인정하게 했을까? 그것은 살아계신 하나님을 믿었기 때문이다. 자신이 하나님의 형상을 닮은 하나님의 자녀임을 믿었고, 하나님이 그만큼 우리를 신뢰하고 계신다는 것을 믿었기 때문에 그들은 하나님을 끝까지 예배할 수 있었다. 그들은 하나님에 대한 믿음을 저버릴 수가 없었던 것이다.

그들처럼 욥도 끝까지 하나님께 예배드렸다. 고통스러운 시험에도 끝까지 흔들리지 않았다. 그런 욥의 남은 인생은 어떻게 되었을까? 그는 지난날보다 더 큰 축복을 받아 누리고 또 누리며 베푸는 삶을 살았다.

여호와께서 욥의 말년에 욥에게 처음보다 더 복을 주시니 그가 양
만 사천과 낙타 육천과 소 천 겨리와 암나귀 천을 두었고 또 아들 일
곱과 딸 셋을 두었으며, 그 후에 욥이 백사십 년을 살며 아들과 손자
사 대를 보았고 욥이 늙어 나이가 차서 죽었더라 (욥 42:12-13, 16-17)

거룩한 예배자

하나님은 욥의 예배에 감동을 받으셨다. 욥의 예배는 생명을 다
한 예배였기 때문이다. 그의 정성 어린 마음에 하나님의 가슴이
뭉클해졌다. 하나님은 욥의 사랑을 느꼈다. 욥의 예배에 감동하
셨다. 이렇듯 마음을 다한 예배는 하나님의 마음을 뭉클하게 한
다. 하나님을 높이고 영화롭게 하기 위해 하나님은 우리를 창조
하셨다.

이 백성은 내가 나를 위하여 지었나니 나를 찬송하게 하려 함이니라
(사 43:21)

욥의 삶은 거룩 그 자체였다. 하나님의 영에 이끌려 사는 사람
이었다. 하나님의 임재를 늘 경험한 사람이었다. 욥의 자녀들은
생일이 되면 각각 자기의 집에서 잔치를 베풀고, 온 가족을 초청
해서 먹고 마시고 즐겼다. 잔치가 끝나면 욥은 가족들을 불러서
거룩하고 성결하게 하도록 했다. 욥의 삶은 거룩한 삶으로 드리

는 예배였다. 거룩한 삶은 하루아침에 만들어지는 것이 아니다. 일상생활 속에서 꾸준히 경건의 삶을 살아갈 때, 거룩함은 자연스럽게 나온다. 하나님의 영에 사로잡힌 욥에게 거룩함을 찾기란 어려운 일이 아니었다.

> 그의 아들들이 자기 생일에 각각 자기의 집에서 잔치를 베풀고 그의 누이 세 명도 청하여 함께 먹고 마시더라 그들이 차례대로 잔치를 끝내면 욥이 그들을 불러다가 성결하게 하되 아침에 일어나서 그들의 명수대로 번제를 드렸으니 이는 욥이 말하기를 혹시 내 아들들이 죄를 범하여 마음으로 하나님을 욕되게 하였을까 함이라 욥의 행위가 항상 이러하였더라 (욥 1:4-5)

거룩한 삶을 살려면 성령님이 우리를 사로잡게 해야 한다. 그리고 우리가 성령님께 사로잡혀야 한다. 성령에 사로잡혔다는 것은 성령으로 충만한 삶을 산다는 것이다. 성령 충만한 사람은 하나님을 삶의 최우선권에 둔다. 욥이 바로 그런 사람이었다.

욥은 자녀들과 잔치를 치른 후 자녀들을 성결하게 하고, 그 다음날 아침에는 자녀의 명수대로 번제를 드리는 사람이었다. 마음을 다하고 정성을 다해 예배했다. 그의 삶은 예배드리는 삶이었다. 그의 자녀들도 그런 그를 보며 예배했다. 자녀들은 아버지 욥이 하자는 대로 순종하며, 자신을 정결케 하고 하나님께 예배를 드렸다. 그는 하나님께서 모든 만물을 창조하시고 가정을 디자인하신 것을 알았다. 욥은 가정의 중요성을 알고 가정을 하나님 형상 닮은 공간으로 만들기 위해 노력했다. 가정이 거룩한 교회임을 알고 있었다. 하나님이 거룩하니 가정도 거룩해야 한다는 것을 알았던 것이다.

나는 너희의 하나님이 되려고 너희를 애굽 땅에서 인도하여 낸 여호와라 내가 거룩하니 너희도 거룩할지어다(레 11:45)

가정에 거룩한 예배가 사라질 때, 하나님과의 관계는 멀어진다. 하나님은 우리 가정에 축복을 베푸시기 위해 가정 속 거룩한 예배가 회복되기를 원하신다. 욥의 가정은 여호와 하나님 외에는 그 어떤 우상도 섬기지 않았다. 다른 어떤 것도 그 가정을 하나님으로부터 멀어지게 할 수 없었다. 마치 여호수아가 백성들 앞에서 결단하고 "오직 나와 내 집은 여호와를 섬기겠노라." 선포했던 것처럼 말이다.

그러므로 이제는 여호와를 경외하며 온전함과 진실함으로 그를 섬기라 너희의 조상들이 강 저쪽과 애굽에서 섬기던 신들을 치워 버리고 여호와만 섬기라 만일 여호와를 섬기는 것이 너희에게 좋지 않게 보이거든 너희 조상들이 강 저쪽에서 섬기던 신들이든지 또는 너희가 거주하는 땅에 있는 아모리 족속의 신들이든지 너희가 섬길 자를 오늘 택하라 오직 나와 내 집은 여호와를 섬기겠노라 하니

(수 24:14-15)

하나님은 여호수아의 이런 결단에 감동하셨다. "오직 나와 내 집은 여호와를 섬기겠다."라는 다짐은 우리를 그분의 임재가 가득한 프리웨이로 이끈다. 그래서 온 가정이 막힘없이 형통한 삶을 살게 한다. 그런 결단과 고백에 하나님은 울컥하실 수밖에 없다. 욥도, 여호수아도 하나님을 울컥하게 한 사람들이었다.

하나님을 울컥하게 만든 예배가 또 있다. 우리가 H국으로 파송한 M선교사가 섬기는 가정교회 예배가 그랬다. 얼마 전 그 교회에서 지도자 세미나를 인도했다. 그 지도자들은 평균 500km 이상 되는 사역지에서 버스를 타고 기차를 타고 온 사람들이었다. 그들은 하나님의 말씀과 예배를 사모해서 먼 길을 단숨에 달려왔다. 며칠 동안 잠자고 식사하고 화장실 가는 시간 외에는 예배만 드렸다. 마지막 날 모든 세미나가 끝나고 마지막 만찬을 하기 전에 한 자매가 M선교사에게 말했다.

"성경에 보니 '성령세례'라는 말이 있던데 성령세례를 받고 싶습니다. 선교사님!"

그 자매는 사도행전 1장의 말씀을 오랫동안 고민하고 기도했던 자매였다.

사도와 함께 모이사 그들에게 분부하여 이르시되 예루살렘을 떠나지 말고 내게서 들은 바 아버지께서 약속하신 것을 기다리라 요한

은 물로 세례를 베풀었으나 너희는 몇 날이 못되어 성령으로 세례를 받으리라 하셨느니라(행 1:4-5)

나는 그때 내 짐을 챙기며 떠날 준비를 하고 있었다. 며칠 동안 성경 세미나와 지도자 세미나를 인도해서 많이 피곤하고 지쳐 있는 상태였다. 빨리 집으로 가서 쉬어야겠다는 마음뿐이었다. 때문에 못 들은 척 계속 짐을 쌌다. 감사하게도 M선교사가 강사님이 돌아가셔야 하니 다음에 부탁드리자고 설득했다. 나는 M선교사의 반응에 내심 환호했고, 안도의 한숨을 내쉬었다. 집으로 가려면 거의 9시간 이상 기차를 타고 가야 하는지라 빨리 출발하고 싶었다. 하지만 그때 또 다른 목소리가 들렸다.

"성경에 보니 '성령세례'라는 말이 있던데 성령세례를 받고 싶습니다. 선교사님!"

이게 웬일인가? 저쪽에서 있던 다른 자매가 앞서 말했던 자매와 똑같은 말로 성령세례를 받고 싶다고 요청하는 게 아닌가. 나는 짐을 싸던 손을 멈추고, 하나님의 음성을 들었다. 하나님은 그 순간 내게 말씀하셨다.

"해영아, 너의 시간을 좀 내려놓지 않겠니?"

우리는 점심 식사를 뒤로하고 다시 모였다. 말씀과 예배에 갈급하고 성령을 사모하는 지도자들에게 성령님에 대해 나누고 함께 예배하며 성령세례를 위해 기도하기 시작했다. 우리들은 사도행전 1,2장에 나오는 강력한 성령세례와 능력과 은사들을 위해 기도했다. 지도자들이 얼마나 기대하고 기다려왔던 성령세례 시간이었는지, 모두 간절하게 눈물로 기도하기 시작했다. 얼마 되지 않아 성령의 역사가 임하기 시작했다. 성령세례가 임했다. 성령님은 각 지도자들에게 방언의 은사를 부어주셨다. 마치 대화하는 것처럼 여러 문장으로 방언하게 하셨다. 그들의 얼굴은 눈물로 뒤범벅이 되었지만, 하나님의 광채가 보이는 듯 아주 평화로운 얼굴이었다.

"할렐루야, 할렐루야, 할렐루야, 할렐루야!"

우리는 소리 높여 찬양을 했다. 신령과 진정으로 드리는 예배, 성령의 이끌림을 받는 예배를 보신 하나님은 울컥하셨다. 그날 그들은 성령세례로 인해 더 굳건하고 강한 믿음을 가질 수 있었다. 지금 그들은 각 지역으로 가서 하나님을 감동케 하는 예배를 드리며, 각자의 처소에서 교회를 섬기고 있다.

하나님이신 예수님도 프리웨이를 달리셨다. 그분은 고귀한 하늘의 문화를 버리고, 평범한 유대인의 옷을 입으셨다. 그리고 하나님의 나라를 선포하기 위해 30여 년을 기다리셨다. 하나님께서 기다리라고 하신 시간에 인내하면서 기다리셨다. 그리고 마침내 하나님께서 일을 시작하라고 하실 때, 순종하며 프리웨이를 달리셨다.

예수님은 본격적으로 사역을 시작하실 때 모든 것을 주도적으로 이끌어가셨다. 프리웨이 궤도에 오르셔서는 목표를 향해 열정적으로 달리셨다. 예수님은 하나님의 나라를 선포하시고 인류를 구원하시기 위해 하나님께서 준비하신 길을 3년여 동안 달리셨다. 예수님이 이렇게 달릴 수 있었던 이유는 무엇일까? 그것은 자기가 누구인지 분명히 아셨고, 자기에게 어떤 권세가 있는 줄도 아셨기 때문이다. 자신감이 있었다. 내가 누구인지, 나는 무엇을 할 수 있는지, 나는 무엇을 못하는지, 어떤 지적 능력과 영적 능력이 있는지를 아셨던 것이다. 아는 것에서 끝나는 것이 아니라 실천하며 행동을 하셨기에 목표지점에 다다를 수 있었다.

하나님은 예수님을 바라보셨듯이 프리웨이에 올라선 우리 역시 지켜보고 계신다. 삶의 모든 순간에 하나님의 임재를 경험하며 프리웨이를 달려보는 경험, 그것은 아무나 할 수 있는 경험이 아니다. 하나님의 자녀 된 우리에게만 주어진 특별한 경험이다.

우리가 그런 하나님을 의지하고 기도할 때 하나님이 임재하신다. 하나님은 우리를 사랑스럽게 보시며, 우리를 위해 기도하신다. 하나님은 절대 하나님의 사람들을 그냥 놔두지 않으신다. 하나님은 그들을 위해 끊임없이 기도하신다. 그들이 슬퍼할 때도, 그들이 기뻐할 때도 언제든지 함께 하신다. 하나님께서 우리의 기도를 들어주시기에 우리는 실패하지 않는다. 하나님이 우리와 함께 하시는 한 프리웨이를 달리는 우리의 질주는 멈추지 않는다.

제2부

하나님의 임재 아래

사람은 무익하고 교만하지만, 하나님은 거룩하고 겸손하신 분이다. 그러므로 온 만방에 하나님의 이름을 알리기 합당하다. 그 위대함과 거룩함을 다른 민족들에게 알려야 하는 이유가 무엇인가? 하나님이 모든 만물을 만드신 창조주이기 때문이다. 하나님이 모든 민족 위에 뛰어난 분이시며 왕 중의 왕이시기 때문이다. 하나님이 우리를 창조하신 목적이 무엇인가? 하나님을 높이고 찬양하며, 그의 이름을 영화롭게 하고 하나님이 하나님 되심을 아는 것이다. 온 땅이 주를 경배하고 주가 하나님 되심을 알리기 위해 우리는 프리웨이를 힘차게 달려야 한다.

내가 여호와인 줄 알게 하겠다

> 이같이 내가 여러 나라의 눈에 내 위대함과 내 거룩함을 나타내어 나를 알게 하리니 내가 여호와인 줄을 그들이 알리라 (겔 38:23)

하나님의 백성들은 하나님을 알아야 한다. 하나님을 안다는 것은 하나님을 경험하고 예배하는 것을 의미한다.

> 이 백성은 내가 나를 위하여 지었나니 나를 찬송하게 하려 함이니라 (사 43:21)

우상을 섬기는 것은 하나님을 알지 못하기 때문이다. 우리는 우상을 기뻐하지 말고, 하나님을 기뻐해야 한다. 하나님을 알기 위해서 말씀 묵상도 하고 예배도 드려야 한다. 하나님의 백성들이 하나님을 찬양하고 예배하는 것은 하나님의 존재를 인정하고 높이는 것이다. 하나님의 이름을 영화롭게 하는 것이다. 우리는 하나님이 어떠한 분이신지 알아야 한다. 하나님을 알고 또 알아야 한다. 이는 우리가 하나님의 자녀로서 반드시 해야 할 일이다. 우리가 여호와를 알 때, 우리가 여호와를 경험하고 예배드릴 때 우리의 삶에 축복이 찾아온다.

> 그러므로 우리가 여호와를 알자 힘써 여호와를 알자 그의 나타나심은 새벽 빛 같이 어김없나니 비와 같이, 땅을 적시는 늦은 비와 같이 우리에게 임하시리라 하니라 (호 6:3)

감리교 창시자, 요한 웨슬리는 하나님을 알리기 위해서 평생 동안 말을 타고 25만 마일(40만 km)을 달렸다. 하나님을 알았기에 그냥 있을 수 없는 불타는 구령의 열정이 그를 달려가게 한 것이다. 그는 결국 감리교를 세웠다. 이를 통해 많은 선교사들이 배출되어 전 세계에 하나님을 알리게 되었다.

창세기에 야곱의 자손들은 흉년과 기근을 피해서 애굽 땅으로 이주했다. 야곱의 아들 요셉이 애굽에 국무총리로 있었으니 야곱과 그의 자손들은 큰 염려가 없었다. 그동안 요셉이 눈여겨

봐둔 땅에 야곱의 자손들이 정착했다. 그곳은 바로 고센 땅이다. 헤브론 남서쪽 약 19km 지점인 이곳은 이집트의 수도 '카이로' 동북쪽으로 50km 정도 떨어진 매우 비옥한 지역이었다. 성경 학자들은 이곳이 이집트에서 가장 비옥한 지역이었다고 말하고 있다.

> 그 날에 나는 내 백성이 거주하는 고센 땅을 구별하여 그 곳에는 파리가 없게 하리니 이로 말미암아 이 땅에서 내가 여호와인 줄을 네가 알게 될 것이라 (출 8:22)

야곱이 자신의 수많은 가족을 모두 이끌고 애굽 땅으로 갈 수 있었던 것은 하나님의 섭리요, 하나님이 주신 언약의 증표였다. 하나님의 인도하심으로 인해 이스라엘 사람들은 어려운 흉년의 때를 부족함 없이 보낼 수 있었으며, 아브라함에게 약속하신 대로 하늘의 별과 같이 바닷가의 모래와 같이 번성하는 자손의 복을 얻을 수 있었다. 하나님은 야곱의 자손들을 풍성한 열매를 맺는 고센 지역으로 인도하심으로 하나님이 하나님 되심을 알게 했다. 그래서 그들은 여호와께 감사의 제사를 드리며 기뻐했다.

우리의 삶에도 때로는 흉년과 기근이 있다. 그때에 우리에게 필요한 것은 하나님의 약속을 믿고 믿음으로 끝까지 하나님을 신뢰하는 것이다. 그럴 때에 우리도 야곱의 자손들처럼 놀라운 열매를 맺을 수 있다.

한국의 발전기 회사 K사장이 남미에 발전기를 수출하게 되었다. K사장은 독실한 불교신자여서 해외 출장을 갈 때마다 절을 찾아가 불공을 드리고 스님에게 상담을 받는 사람이었다. 그러던 어느 날, K사장이 한국에서 남미로 발전기와 주요 부품 등의 화물을 수송하는 데 난항을 겪게 되었다. 그때 그를 아주 면밀히 도와준 사람이 한국 선교사였다. K사장은 현지의 발전기 도착부터 통관절차, 그리고 남미의 여러 지역 배송, AS, 현지 지사 설립 등 어려운 일을 도맡아 책임져준 그 선교사에게 은혜를 갚고 싶었다.

"선교사님, 그동안 감사했습니다. 제가 도움이 되고 싶은데 지금 꼭 필요한 것이 무엇입니까?"

선교사는 주저 없이 필요한 것을 말했다.

"선교센터를 세워야 하는데 후원이 없어 계속 기도만 하고 있습니다."

K사장은 바로 대답했다.

"그럼 제가 세워드리겠습니다."

그는 수억이 넘는 선교센터를 아무런 조건 없이 건축해주었다. 하나님의 인도하심과 역사하심은 이처럼 놀랍다. 이 일은 마치 이방 왕 고레스를 사용하셔서 그의 권세와 재물로 이스라엘 백성이 포로생활에서 해방되고 예루살렘으로 귀환하게 된 때를 기억하게 하신다. 하나님께서는 '이런 일을 하신 분은 바로 이스라엘의 하나님이다.'라는 것을 알리고 싶어 하신다. 그 일이 비록 이방 사람이나 타 종교인의 손으로 행해지는 일일지라도, 분명 하나님이 하신 일이다.

우리는 하나님의 이름을 어떻게 불러야 할지 고민해야 한다. 우리가 하나님을 어떤 이름으로 불러드려야 기뻐하실까 고민해야 한다. 우리는 하나님을 얼마나 알고 있는가? 또 우리는 하나님을 얼마나 모르고 있는가? 하나님을 인격적으로 경험하지 못했다면, 하나님을 안다고 할 수 없다. 그러니 우리는 하나님이 어떠한 분이신지 알아야 한다.

> 그러므로 우리가 여호와를 알자 힘써 여호와를 알자 그의 나타나심은 새벽 빛 같이 어김없나니 비와 같이, 땅을 적시는 늦은 비와 같이 우리에게 임하시리라 하니라 (호 6:3)

에스겔 38장에서 '알게 하겠다'와 구약성경이 쓰인 대부분의 '알다'라는 단어는 히브리어로 '야다yadah'이다. 야다에는 '알다'라는 뜻 외에도 '경험하다', '부부관계를 하다'라는 뜻이 담겨있다.

히브리인들에게 '알다'는 '경험하다'와 동일한 말이었다. 달리 말하면 경험하지 않은 것은 아는 것이 아니라는 것이다. 그래서 그들에게는 머리로, 혹은 인식이나 지성으로만 하나님을 아는 것은 중요하지 않았다. 그들의 조상 아브라함의 하나님, 이삭의 하나님, 야곱의 하나님, 즉 자신의 조상들이 직접 만났던 하나님이 중요했고, 홍해를 건너게 하신 하나님, 요단강을 건너게 하신 하나님과 같이 이스라엘 민족이 직접 경험한 하나님이 중요했다. 이스라엘 민족에게 역사란 하나님과의 만남을 통해, 하나님을 경험하는 사건의 연속이었다.

더 나아가 히브리인들에게 안다는 것은 남자와 여자가 결혼을 하여 육체적으로도 한 몸이 되는 것, 즉 부부가 서로 속속들이 아는 것을 의미한다. 따라서 성경에서는 그들이 동침하지 않았다는 의미로 "누가 누구를 알지 못하였고"라는 표현을 한다. 동침하는 부부처럼 속속들이 아는 것, 그것이 유대인들에게는 '안다'는 의미였다.

만약 우리가 하나님을 경험하지 못했다면 성령님께서 우리에게 다가오셔서 자신을 드러내시면서 "내가 여호와인 줄 알게 하겠다."라고 말씀하실 것이다. 하나님은 우리가 하나님을 알고 하나님의 이름을 부르는 것을 기뻐하신다. 나아가 우리가 하나님을 알기 시작했다면, 이제 우리는 다른 사람들에게 우리가 아는 하나님을 알려야 한다. 이것이 우리 삶의 목적이다. 하나님을 알리는 것은 증인 된 삶이다. 전도하는 삶이다. 하나님은 여러 가지 방법을 통해서 당신을 우리들에게 알리신다. 그리고 구원하신다. 과연 어떤 방법일까? 위대하시고 거룩하신 여호와 하나님은, 당신을 어떻게 우리에게 알리실까?

재앙을 흔들어 형통으로

웃시야 왕은 솔로몬 이후 가장 훌륭한 왕으로 손꼽힌다. 사울도, 다윗도, 솔로몬도 40년 통치를 넘지 않았는데, 그는 16살 때 왕위에 올라서 52년을 통치했다. 그는 하나님께 귀하게 쓰임 받은 선한 왕으로 모든 백성에게 큰 기쁨을 주고 희망을 줬다. 웃시야 왕은 하나님이 보시기에 정직히 행하며 아주 순조롭게 출발했다. 그런데 그가 강성해짐에 따라 그의 마음이 교만해졌다. 그는 제사장만이 할 수 있는 분향을 시도하며 생애 가장 큰 실수를 저질렀다.

> 그가 강성하여지매 그의 마음이 교만하여 악을 행하여 그의 하나님 여호와께 범죄하되 곧 여호와의 성전에 들어가서 향단에 분향하려 한지라 (대하 26:16)

하나님이 가장 싫어하시는 것은 교만이다. 사람이 강성해지면 교만해질 수 있다. 어떤 사람은 문제가 해결되면 하나님을 향한 마음이 나태해진다. 하나님께서 그 문제를 다 해결해주셨는데도 자기가 해결한 것처럼 행동하는 것이다. 그렇게 교만은 자신의 위치와 역할을 잊게 한다. 웃시야 왕은 강성해진 후에 교만해져서 제사장 역할을 탐냈다. 향로를 잡고 분향하는 일은 구별된 제사장의 일이다. 그는 자신이 해서는 안 되는 일을 행하려다 문둥병에 걸리고 말았다.

그 후 웃시야 왕은 죽게 되었다. 그의 죽음으로 유다 백성들이 절망에 처했다. 지도자를 잃은 국가는 큰 위기에 봉착했고, 국제적인 정세는 굉장히 어두워져 갔다. 주변의 강대국들이 일어나서 유다 왕국을 점령하려는 조짐이 보이던 때였다. 죽음 가운데 한 가닥의 소망도 없는, 처절한 국면이었다. 언제 강대국에 의해 침략 당할지 모르는 위기의 때였다. 그때 이사야는 주의 전에 나와서 주님을 바라봤다. 예수님께서 절망과 죽음 중에 있는 나사로를 일으켜 세우신 것처럼, 소망 없고 절망과 죽음 가운데 있는 이사야를 하나님이 만나주셨다. 웃시야 왕이 죽고 모든 백성들이 심히 슬퍼하고 절망 가운데 있을 때 주님은 그를 만나주셨다.

하나님은 이사야를 통해 유다 백성들에게 나타나셨다. 자신을 나타내시며 새 힘을 주셨다. 하나님이 하나님 되심을 알게 하셨다. 순간순간 하나님이 살아계심을 느끼게 하셨다. 교만을 낮추시고, 절망을 소망으로 바꾸셨다.

송명희라는 시인이 있다. 그녀는 태어날 때부터 소뇌를 다쳐 뇌성마비 장애를 얻었다. 몸의 성장발육이 느리고 연약하여 마음대로 몸을 움직이지 못했다. 뇌성마비 장애를 가진 분들이 그렇듯 얼굴과 몸이 비틀어졌다. 거울 보는 게 너무 싫었다. 장애가 심한지라 초등학교도 졸업하지 못해서 아는 것도 많이 없었다. 학교에 적응할 수 없어 수차례 이사를 다녀야 했고, 찢어지게 가난하고 병든 자신을 보면서 그녀는 늘 불평을 늘어놓았다. 하루하루가 재앙이었다. 그러면서도 하나님께 기도와 간구를 쉬지 않았다.

그러던 어느 날, 하나님의 음성을 들었다. 하나님께서 말씀하시기 시작했다.

"내가 말하는 대로 써라."

하나님이 말씀하셨다. 그녀는 왼손에 토막 연필을 쥐고 받아 적었다.

"나는 가진 재물이 없고, 남이 가진 지식도 없고, 남에게 있는 건강도 없지만…."

하나님은 먼저 그녀에게 없는 것, 그녀가 갖지 못한 것들을 말씀하셨다. 그리고 이어서 그녀가 갖고 있는 특별한 것들에 대해 말씀하셨다. 그녀가 남이 보지 못한 하나님을 보았음을, 다른 이는 듣지 못한 음성을 들었음을, 남들과는 비교할 수 없는 하나님의 사랑을 받았음을, 그리고 남들은 모르는 진리를 이미 깨달았음을 말씀하셨다. 그리고 마지막으로 하나님은 공평하심을 직접 말씀하셨다.

그러나 그녀는 하나님의 말씀이 어처구니없다는 생각에 울부짖었다.

"아니요! 안 쓸래요! 못 쓰겠어요! 이건 공평하지 않아요! 내겐 아무것도 없어요!"

하나님은 계속해서 그녀를 종용하셨다.

"시키는 대로 공평하신 하나님이라 써 보지 않겠니?"

그녀는 계속해서 하나님의 말씀을 거부했다.

"아니요, 내가 보기에는 공평하지 않아요. 내 모습을 보세요. 팔도, 다리도, 얼굴도 다 엉망이잖아요."

하나님이 다시 말씀하셨다.

"그래도 내가 시키는 대로 공평하신 하나님이라고 써 보지 않겠니? 써 보거라."

하나님과의 반복되는 대화 속에서 결국 송명희 시인은 하나님께 순종하기로 결정했다. 그리고 하나님께서 말씀하신 대로 자신은 갖지 못한 것보다 더 귀한 것을 가졌음을, 무엇보다 하나님은 공평하심을 찬양하는 시를 완성했다. 그녀의 시는 당대 최고의 찬양사역자로 인정받던 최덕신의 곡 '나'의 가사로 쓰이며 92년 한국 복음성가 작사 대상을 수상했고, 그녀의 책은 기독교 부문 최우수 서적으로 선정되었다.

그녀는 지금도 전 세계를 다니면서 하나님의 이름을 알리고, 예수님의 십자가를 전하고 있다. 주변에서 볼 때 송명희 시인은 고통스러운 삶을 사는 사람이었다. 그러나 하나님의 임재를 경험한 그녀의 삶은 그날 이후 바뀌었다. 고통이 축복이 되었고, 그 경험을 전하며 하나님의 이름을 알리게 되었다. 긴 멈춤의 터널을 지나 자유의 프리웨이로 올라탄 것이다.

혹 우리의 삶이 재앙과 같은 삶이라면 한 번쯤 생각해볼 필요가 있다. 하나님께서 특별한 은혜를 주실 것이라는 기대감 말이다. 하나님은 절망에 빠진 우리에게 반드시 찾아오신다. 그리고 하나님의 임재를 경험하게 하신다. 하나님이 우리의 삶에 찾아

오실 때, 송명희 시인처럼 우리의 삶을 뒤바꾸신다. 재앙을 흔들어 형통케 하심으로 자신을 알리신다. 그분이 우리의 하나님이다.

한 사람을 향한 사랑

1998년에 개봉된 『라이언 일병 구하기』라는 영화가 있다. 이 영화는 제2차 세계 대전을 다룬 미국의 전쟁영화로 내용은 대략 이렇다.

1944년 6월 6일, 노르망디 상륙작전 날이었다. 밀러 대위와 소대원들은 피 흘리는 전투로 죽음의 고비를 넘기며 임무를 완수하고 돌아오고 있었다. 그런데 갑자기 행정부에서 라이언 일병을 구하라는 명령이 내려왔다. 라이언의 형제 4명 모두가 전쟁에 참여했는데, 막내인 제임스 라이언만 살아남고 3명의 형들은 전사한 것이다. 고향집에 있던 어머니는 막내가 살았다는 소식을 들었고, 하나밖에 남지 않은 막내아들을 살려 달라며 미국 정부에 요청했다. 이 요청이 받아들여져, 그를 데리러 가는 임무를 밀러 대위가 맡게 된 것이다.

밀러 대위는 라이언 일병을 구하기 위해 소대를 재정비하고 그를 찾아 떠났다. 그들이 가는 곳곳마다 여전히 위험이 도사리고 있었다. 죽음을 무릅쓴 구출작전이었다. 때로는 같이 간 소대원이 부상당하고 죽기까지 했다. 한 명의 군인 라이언을 구하기 위해서 말이다. 그러자 팀원들의 불평과 원망이 쏟아졌다.

"라이언이 도대체 누구길래 우리 소대원들이 죽어 가면서까지 찾으러 가야하는 겁니까?"

팀원들은 술렁였다. 하지만 이런 위기에도 밀러 대위와 소대원들은 끝까지 험난한 과정을 이겨냈고, 마침내 라이언을 찾게 된다.

그러나 그를 찾은 것으로 끝이 아니었다. 그를 데리고 무사히 아군 진지로 복귀해 그를 어머니가 있는 고향으로 보내야 했다. 돌아오는 길에 독일군이 추격해왔고, 남은 대원들이 한 명씩 죽어갔다. 결국 밀러 대위까지 전사하게 된다. 밀러 대위는 죽기 전에 이 한 마디를 남긴다.

"최선을 다해 살아라."

그는 라이언 일병에게 반드시 집으로 가서 어머니를 만날 것을 당부하며 숨을 거둔다. 결국 라이언 일병과 두 명의 대원만이 살아 집으로 돌아가게 된다. 영화의 후반부에는 노인이 된 라이언 일병이 밀러 대위 무덤 앞에 서는 장면이 나온다. 그는 그때를 회상하며 가슴 아파했고, 최선을 다해 살아가기 위해 노력했노라고 말하며 영화는 끝이 난다.

나는 이 영화를 본 후에 하염없이 눈물을 흘렸다. 영화 속 라이언 일병이 바로 나였음을 깨달았기 때문이다. 하나님께서 밀러 대위처럼 나를 구원하시기 위해 자신의 가장 귀한 것까지도 다 버리셨다는 사실에 너무나 감격했다. 하나님은 나를 사랑하셔서 내가 전쟁터 같은 죽음 가운데 있었을 때 예수 그리스도를 보내셨다. 라이언 일병을 살려 어머니께 돌려보낸 밀러 대위는 우리를 하나님 아버지께로 돌아갈 수 있도록 하는 독생자 예수 그리스도와 비슷했다. 어쩌면 밀러 대위는 라이언 일병을 구하기 위해선 자신이 죽을 수 있음을 인지했을 지도 모른다. 그러나 그는 피하지 않았고, 명령에 순종함으로 라이언 일병의 생명을 구했다. 예수님도 그러셨다. 자신이 죽임을 당할 것을 알면서도 하나님 아버지의 뜻에 순종함으로 이 세상을 구하셨다.

> 너희 중에 어떤 사람이 양 백 마리가 있는데 그 중의 하나를 잃으면 아흔아홉 마리를 들에 두고 그 잃은 것을 찾아내기까지 찾아다니지 아니하겠느냐 (눅 15:4)

하나님은 이처럼 한 영혼을 살리기 위해 온 정성을 다하신다. 한 영혼을 위해 엄청난 대가지불하기를 꺼려하지 않으시는 분이 바로 우리 아버지이다. 천하보다 한 영혼을 귀하게 여기시는 분이 바로 하나님이다. 우리가 잃어버린 한 영혼이 되었을 때 하나님은 누구보다 아파하셨다. 그는 우리를 다시 당신의 품으로 찾아오기 위해 가장 귀한 것을 아낌없이 희생하셨다. 독생자 예수 그리스도를 희생 제물로 삼아 우리를 찾아오신 것이다. 우리는 그렇게 하나님의 자녀가 된 축복받은 자들이다. 우리 안에 그 특별한 사랑이 있다.

다윗의 눈으로

이스라엘 백성들이 하나님께서 약속하신 가나안 땅에 들어가 한 족속씩 정복해 나갈 때는 그야말로 백전백승이었다. 아모리 족속, 히위 족속, 여부스 족속, 가나안 족속, 헷 족속, 기르가스 족속, 브리스 족속들이 이스라엘 백성이 들어오고 있다는 소식만 들어도 다들 두려워했다. 그들은 이스라엘 백성들을 두려워한 것이 아니라 이스라엘 백성들과 함께 하신 하나님을 두려워했다. 이스라엘 백성들 중에 그렇게 많은 장병은 없었다. 그러나 하나님께서는 여호수아에게 약속하셨다.

"내가 모세와 함께 했던 여호와 하나님인 것을 그들에게 알게 하겠다."

> 여호와께서 여호수아에게 이르시되 내가 오늘부터 시작하여 너를 온 이스라엘의 목전에서 크게 하여 내가 모세와 함께 있었던 것 같이 너와 함께 있는 것을 그들이 알게 하리라 (수 3:7)

여호수아와 이스라엘 백성이 전쟁에서 승리하게 하신 분은 바로 하나님이셨다. 이 승리를 통해 이웃 나라들이 하나님이 이스라엘 백성과 함께 하심을 알게 되었다.

훗날 이스라엘이 주변 국가들의 속국이 되었을 때 하나님은 다윗을 세우셨다. 하나님은 이스라엘 백성들이 계속해서 이방 나라의 압제 아래 있기를 원치 않으셨다. 여호와 닛시, 승리의 하나님이 사라질 무렵 하나님의 깃발을 다시 세우는 자로 다윗을 선택하셨다. 블레셋과 이스라엘의 전쟁 시기에 다윗은 골리앗과 맞닥뜨리게 되었다. 다윗은 그 전투에서 승리함으로 그가 경험한 하나님의 이름을 높였다.

다윗이 블레셋 사람에게 이르되 너는 칼과 창과 단창으로 내게 나아 오거니와 나는 만군의 여호와의 이름 곧 네가 모욕하는 이스라엘 군대의 하나님의 이름으로 네게 나아가노라 (삼상 17:45)

다윗은 하나님이 자신으로 하여금 전쟁에서 어떻게 승리하게 하실지, 골리앗이 어떻게 죽을지 예언했다. 그리고 이스라엘 군사들뿐만 아니라 블레셋 군사들까지 하나님의 이름을 알게 하겠다고 선포했다. 다윗은 자기가 경험한 하나님을 이방 군대에게 보여주고 싶었다. 하나님이 전쟁에 능하신 하나님이신 것을 블레셋에게 분명히 알리고 싶었다.

또 여호와의 구원하심이 칼과 창에 있지 아니함을 이 무리에게 알게 하리라 전쟁은 여호와께 속한 것인즉 그가 너희를 우리 손에 넘기시리라 (삼상 17:47)

다윗은 물맷돌을 던져 골리앗을 쓰러뜨리고, 골리앗이 가지고 있던 검을 꺼내어 그의 목을 베었다. 승리는 하나님의 것이었다. 다윗은 골리앗을 쓰러뜨림으로 하나님이 승리하게 하셨다는 것을 사람들이 알게 했다. 그는 물맷돌 다섯 개로 자신이 경험한 하나님을 사람들에게 알렸다.

그는 양떼를 지키는 시절부터 하나님을 경험했다. 하나님이 그를 도우시고, 그와 함께 하신다는 것을 알았다. 그는 양떼를 칠 때 자신을 지키셨던 하나님을 기억했다. 하나님이 사자의 발톱과 곰의 발톱에서 자신을 건져내셨던 것을 기억했다. 그리고 블레셋 사람 골리앗에게서도 자신을 보호하실 것이며, 끝까지 자신과 함께 하신다는 것을 알고 믿었다. 다윗은 하나님이 누구신지 잘 아는 사람이었다. 무엇보다 다윗은 자신이 하나님의 사람임을 알았다. 하나님의 손이 원수 골리앗을 쓰러뜨릴 것이라는 것을 알았다.

우리도 때론 골리앗과 같은 거대한 산, 승리가 불가능해 보이는 상황을 맞닥뜨릴 때가 있다. 그 상황에서 스스로 싸우기로 결정하면 반드시 패하고 만다. 이미 하나님께서 싸우시겠다고 결정하셨기 때문에 우리는 순종하는 마음으로 물맷돌을 잡고 앞으로 나아가기만 하면 된다. 분명 하나님이 우리를 승리하게 하실 것이다.

하나님께서 우리와 함께 하시면, 거인이 거인으로 보이지 않는다. 우리의 정체성이 분명하다면 아무리 큰 문제가 앞을 가로막더라도 헤쳐 나갈 수 있다. 다윗은 그 사실을 어릴 때부터 알고 있었다. 그래서 다윗은 자신이 하나님과 함께 세운 전략이 골리앗의 전략과 얼마나 크게 다를지를 경험으로, 하나님을 아는 지식으로 알았던 것이다. 이 일 후에 하나님의 이름을 높일 생각을 하니 다윗의 가슴은 터질 것 같았다. 이후에도 다윗은 자신이 경험한 하나님을 알리는 일에 평생을 바쳤다. 그렇다. 하나님을 제대로 아는 자가 하나님을 알리는 자가 될 수 있다.

거룩하다 거룩하다

이사야는 하나님에 대해 알았지만 다윗과 달리 하나님을 직접 만난 경험은 없었다. 이사야 시대의 유다 백성들 대부분은 하나님을 경험하지 못했다. 성막에 왔다가 그냥 가버리는 일이 비일비재했다. 그들에게는 진정한 마음으로 드리는 예배에 대한 열정이 필요했다. 진정한 예배를 경험하지 못한 사람들은 이렇듯 하나님이 계신 자리를 지나쳐 성전 뜰만 밟고 돌아간다. 그들은 하나님을 제대로 알지 못하는 자들이다.

> 여호와께서 말씀하시되 너희의 무수한 제물이 내게 무엇이 유익하뇨 나는 숫양의 번제와 살진 짐승의 기름에 배불렀고 나는 수송아지나 어린 양이나 숫염소의 피를 기뻐하지 아니하노라 너희가 내 앞에 보이러 오니 이것을 누가 너희에게 요구하였느냐 내 마당만 밟을 뿐이니라 (사 1:11-12)

이스라엘 백성들은 하나님을 경험해야 했다. 그리고 우리도 하나님을 경험해야 한다. 그렇다면 우리는 언제 하나님을 경험할 수 있을까? 어디서 하나님을 알고, 하나님의 임재를 경험할 수 있을까? 그리고 하나님을 경험한다면 어떠한 일이 일어날까?

웃시야 왕이 죽던 해에 내가 본즉 주께서 높이 들린 보좌에 앉으셨는데 그의 옷자락은 성전에 가득하였고 스랍들이 모시고 섰는데 각기 여섯 날개가 있어 그 둘로는 자기의 얼굴을 가리었고 그 둘로는 자기의 발을 가리었고 그 둘로는 날며 서로 불러 이르되 거룩하다 거룩하다 거룩하다 만군의 여호와여 그의 영광이 온 땅에 충만하도다 하더라 (사 6:1-3)

이사야는 생애 처음으로 하나님의 영광스러운 임재를 경험하고 있다. 그는 하나님의 임재를 보았고, 또한 천사들이 서로 큰 소리로 찬양하는 소리를 들었다. "거룩하다 거룩하다 거룩하다 만군의 여호와! 온 땅에 그의 영광이 가득하도다"라는 소리에 성전의 문지방 터가 흔들리고, 성전에는 연기가 가득 찼다. 이 놀라운 광경을 이사야가 목격한 것이다. 하나님의 임재가 있는 곳, 이사야는 그 성전에 들어감으로 위대한 선지자가 되었다.

나는 복음주의 보수교단에서 신앙생활을 하며 자랐다. 그래서 경험주의나 신비주의에 대해 받아들이기 어려워하는 부분이 있었다. 그러나 성령님을 경험하고, 하나님의 임재를 경험하면서 그런 부분에 대해 조금씩 이해하기 시작했다. 하나님의 임재를 사모하는 마음으로 충분했다. 성령님을 알아가면서 더욱 거룩함을 덧입게 되고, 진정으로 예배하는 한 사람으로 성장했다.

우리 신앙이 너무 지나치게 체험 위주로 가서도 안 되지만, 체험을 무시해서는 안 됩니다. 하나님을 만난 놀라운 경험, 믿음의 비밀을 갖는 것은 소중한 일입니다. 그 경험이 인생 여정에서 겪는 모든 어려움을 이길 힘을 제공할 수 있기 때문입니다.

/ 강준민 『하나님을 기쁘시게 하는 예배자』(두란노서원, 2008).

성전 앞 죄인, 이사야

이사야는 선지자로서 늘 하나님을 대신해 말씀을 전했다. 그는 사람들의 잘못을 지적하고 왕이 하나님의 뜻대로 나라를 다스리지 못한 부분이 있으면 가서 권면하는 등 늘 하나님 편에서 진리를 선포했다. 하지만 이사야도 사람에 불과했다. 자신은 늘 잘못을 판단하는 위치에 있어서 누구보다도 깨끗하고 흠이 없는 사람이라고 생각했는데, 하나님 앞에 자신을 비춰보니 자신도 죄인이었다는 것을 발견했다. 하나님 앞에서 자신이 죄 덩어리였다는 것을 자각한 것이다. 이에 그는 "재앙이 나에게 닥치겠구나."라고 고백할 수밖에 없었다.

그 때에 내가 말하되 화로다 나여 망하게 되었도다 나는 입술이 부정한 사람이요 나는 입술이 부정한 백성 중에 거주하면서 만군의 여호와이신 왕을 뵈었음이로다 하였더라 (사 6:5)

주님 앞에 서려고 할 때 죄 없는 사람은 한 사람도 없다. 예수님께서 흘리신 보혈의 은혜로 죄 사함을 받고, 주님 앞에 서게 되는 것이다. 이것이 은혜다. 우리는 죄인이기에 주님이 필요하다. 우리 중에 죄 없는 사람은 하나도 없다.

모든 사람이 죄를 범하였으매 하나님의 영광에 이르지 못하더니 (롬 3:23)

은혜를 받게 되면 제일 먼저 깨닫는 것이 바로 본인의 죄다. 죄 가운데 있었지만, 예수의 보혈로 죄 사함을 받고 하나님 앞에 당당하게 설 수 있게 되었다는 것을 깨닫는 것이다.

1907년, 평양의 대부흥도 회개에서부터 일어났다. 어느 중고등학교에서 한 학생이 울기 시작했다. 선생님이 질문했다.

"무슨 일이니? 왜 그렇게 우는 거야?"

"선생님, 제 죄가 너무 커서 가만히 있을 수가 없어요."

한 학생이 그렇게 대답한 후, 조금 있다가 교실 왼쪽 뒤편의 학생이 또 울기 시작했다. 선생님이 왜 우냐고 물었을 때, 그 학생이 이렇게 대답했다.

"선생님, 저는 죄인이에요."

이렇게 회개의 영이 전 교실에 임하고, 전 학교가 울음바다가 되어 결국 휴교령이 내려졌다. 평양 시내 한 시장에서도 회개 운동이 일어났다. 몇 주간 시장 전체가 문을 닫고 참회하며 조선 땅을 위해 기도하기 시작했다. 같은 시기에 평양 시내의 한 교회에서 불이 나 동네 사람들이 물동이를 들고 불을 끄기 위해 달려갔다. 그런데 진짜 불이 난 것이 아니었다. 분명 교회 밖에서 볼 때는 교회 지붕에 불이 난 것처럼 보였는데 창문으로 교회 내부를 살펴보니 수십 명이 둥글게 앉아서 참회를 하며 나라와 민족을 위해 기도하고 있었다. 성령의 능력으로 기도하니 교회에 불이 난 것처럼 보인 것이다. 그렇게 뜨거워진 기도의 불씨는 평양에서부터 전국으로 확산되기 시작했다. 성령의 강력한 역사가 조선 땅에 임하기 시작했다. 교회는 영적으로 성장했으며, 한국은 경제적으로도 급성장하는 부흥을 맛보게 되었다.

이사야가 하나님의 성전에 들어갔을 때 제일 먼저 인식한 것은 본인이 얼마나 큰 죄인인지에 대한 것이었다. 자기가 얼마나 큰 죄인인가 발견하고 좌절한 경험이 있는 사람일수록 크신 하나님의 은혜에 감사하게 된다.

이사야는 자신의 죄를 고백하고 두려워했다. 그때에 한 천사가 하나님의 임재가 있는 제단에서 핀 숯불을 손에 가지고 날아왔다. 천사가 그것을 이사야의 입에 대자 그는 정결케 되었다.

그 때에 그 스랍 중의 하나가 부젓가락으로 제단에서 집은 바 핀 숯을 손에 가지고 내게로 날아와서 그것을 내 입술에 대며 이르되 보라 이것이 네 입에 닿았으니 네 악이 제하여졌고 네 죄가 사하여졌느니라 하더라 (사 6:6-7)

정결케 하시네

하나님의 불이 이사야의 입술에 닿으니 신기한 일이 벌어졌다. 온몸과 영혼이 깨끗해졌다. 하나님은 이사야의 죄를 용서해주셨다. 죄에서 자유를 얻으니 얼마나 감격스럽고 기뻤겠는가. 그는 하나님과 통하는 사역자, 하나님과 친밀한 교제 가운데 일을 하는 선지자로서 거듭나게 된다. 가슴이 터질 것만 같았다.

우리는 어떠한가? 주일예배, 수요예배, 새벽 기도회 때에 하나님의 성전에 나아와 하나님의 얼굴을 구하며 회개하는가? 하나님께서 기쁘게 용서해 주시고 안아주실 때, 그 감격에 사로잡혀서 주님께 온몸을 드리겠노라고 헌신하게 되지 않는가?

이사야도 그랬다. 우리는 하나님의 성전, 예수님의 품 안에 있으면 새로운 사람이 된다. 예수님만이 우리를 새로운 사람으로 만들어 하나님과 화목하게 하신다. 새로워지면 새로운 헌신을 결단하게 된다. 정결한 맘으로 주님의 프리웨이를 달리게 하신다.

그런즉 누구든지 그리스도 안에 있으면 새로운 피조물이라 이전 것은 지나갔으니 보라 새 것이 되었도다 (고후 5:17)

예수님 안에 거하니 새로운 피조물이 되었다. 거룩한 사람이 되었다. 우리의 행위 때문이 아니라 믿음으로 거룩한 성도가 된 것이다. 거룩한 삶을 추구하며 하나님께 나아갈 때, 우리는 하나님께 온전한 모습으로 헌신하게 된다.

하나님께서 이사야를 부르시고 사명을 주실 때 이사야는 이렇게 고백했다.

"절망 가운데 고통 가운데 문제를 당한 사람들이 있는 그곳으로 주님 나를 보내시옵소서. 내가 가기 원합니다. 비록 그 길이 힘든 길이고, 많은 어려움이 따르는 길이라 할지라도 내가 그 길을 가기 원합니다."

우리 모두에게 그런 결단이 필요하다. 고통 가운데 절망하는 이들이 있는 그곳으로 가게 해달라는 고백이 필요하다. 어려움이 있더라도 십자가 지고 가겠다는 헌신이 필요하다.

거룩함이 가장 중요한 세 번째 이유는 하나님을 경외하는 마음을 품는 데 기반이 되기 때문이다. 거룩함을 바탕으로 우리의 사랑을 드리는 온전한 헌신이 일어난다.

/ 조이 도우슨, 『하나님을 경외하는 마음』 (예수전도단, 2008).

하나님은 이사야를 거룩하고 정결케 하겠다고 하셨다. 그를 치료하고, 회복시키시며, 새로운 사명을 주겠다고 하셨다. 혼란과 절망 가운데 있었던 이사야는 하나님의 성전에 들어가서 자기 죄를 깨닫고 회복되어 큰 위로를 받았다.

혹시 우리 안에 주님과 멀리 떨어져 있는 사람이 있다면 주님 앞으로 나와서 관계를 회복하길 소망한다. 주님과 관계를 회복하면 예배가 살아난다. 예배가 회복되면 하나님께서 축복의 길로 인도해주실 것이다. 예수님은 우리를 사랑하시고, 우리를 구원하신 분이시다. 예수님은 우리를 용서하셔서 새로운 삶을 살게 하는 분이시다. 예수님은 다시 사명을 주시는 분이시다.

절망과 위기의 때를 우리 인생의 전환기로 삼아야 한다. 철저한 회개의 기회로 삼아야 한다. 1907년 평양 대부흥의 역사는 회개의 역사부터 시작됐다는 것을 잊지 말아야 한다. 우리 삶에 부흥이 임하기 원한다면 우리의 죄를 인식하고 주님 앞으로 나아가야 한다. 절망과 위기의 때를 새로운 사명을 받는 기회로 삼아야 한다.

우리는 한번 맛본 것은 결코 잊지 못한다. 경험한 것은 우리 존재의 한 부분이 되기 때문이다. 예배는 하나님의 임재를 경험하는 시간이다. 이사야는 성전에서 예배를 드리는 중에 높이 들린 보좌에 앉으신 하나님을 보았다. 성전 앞 죄인, 이사야처럼 하나님의 임재를 경험하는 예배를 드리길 소망한다.

하나님의 시간에

죽어가는 딸을 둔 아버지와 12년간 난치병을 앓아온 여인. 두 사람에게 하나님이 특별히 임하셨다. 하나님의 임재가 개입되는 시간을 달리 말해 '카이로스'라고 한다. 이는 인생에 있어 가장 감격스러운 순간이 아닐 수 없다. 그동안 나를 억압해온 모든 고통이 거짓말처럼 사라지고 위로와 회복이 넘쳐나는 시간이기 때문이다.

마가복음 5장에 등장하는 야이로에게는 병들어 죽어가는 어린 딸이 있었고, 한 여인에게는 12년간 그녀를 고생시킨 혈루증이라는 병이 있었다. 예수님을 기다렸던 회당장 야이로는 예수님의 소식을 듣고 예수님께 나와 엎드려 죽어가는 어린 딸을 살려달라고 간청했다. 이에 예수님은 그와 함께 가기를 허락하셨다. 사람이 너무 많아 따라오는 큰 무리들로 인해 떠밀려 가다시피 하는 상황이었다. 때마침 무리 속에 있던 혈루증 여인이 간절한 마음으로 예수님의 옷자락에 손을 댔고 즉시 고침을 받았다. 이 사실을 안 예수님이 그녀와 대화하는 도중, 야이로는 딸이 죽었다는 소식을 접하게 된다. 12년 동안 혈루증을 앓던 여인은 '여호와 라파', 치료의 하나님을 경험했지만, 야이로는 그 반대였다. 하나님의 임재가 있는 시간, 그 축복의 시간이 한 여인 때문에 사라져 버린 것이다.

예수께서 배를 타시고 다시 맞은편으로 건너가시니 큰 무리가 그에게로 모이거늘 이에 바닷가에 계시더니 회당장 중의 하나인 야이로라 하는 이가 와서 예수를 보고 발 아래 엎드리어 간곡히 구하여 이르되 내 어린 딸이 죽게 되었사오니 오셔서 그 위에 손을 얹으사 그로 구원을 받아 살게 하소서 하거늘 이에 그와 함께 가실새 큰 무리가 따라가며 에워싸 밀더라 열두 해를 혈루증으로 앓아 온 한 여자가 있어(막 5:21-25)

야이로는 회당장이요, 종교지도자였다. 그는 부와 명성만 높은 것이 아니라 신앙심과 도덕심도 깊었다. 그렇게 경건하고 품위 있는 한 사람이 예수님의 발아래 엎드렸다. 지체 높은 사람이 한낱 갈릴리 목수인 예수님 앞에 엎드린 것이다. 엎드린다는 것은 '나는 아무것도 할 수 없습니다. 나를 살려주옵소서.'라는 의미이다. 엎드린다는 것은 생명을 다해 기도한다는 의미이다. 도대체 얼마나 간절한 사연이기에, 어떤 절박한 문제이기에 염치불고하고 예수님 앞에 엎드린 것일까?

야이로는 예수님에 대한 소문을 들었다. 중풍병자도 고치고, 귀신들린 자를 회복시키고, 앉은뱅이를 일으키는 등 놀라운 이적과 기적을 행하신다는 예수님에 대한 이야기를 들어서 잘 알고 있었다. 그는 그분이 오시기를 간절히 기다렸고, 예수님이 마을에 오시자마자 예수님 발 앞에 엎드린 것이다. 이렇게 간절히 예수님을 바라보면 된다. 예수님을 바라보고 생명을 다해 기도하면, 반드시 하나님의 카이로스를 만날 수 있다.

믿음의 주요 또 온전하게 하시는 이인 예수를 바라보자 그는 그 앞에 있는 기쁨을 위하여 십자가를 참으사 부끄러움을 개의치 아니하시더니 하나님 보좌 우편에 앉으셨느니라(히 12:2)

예수님을 바라보고 그분께 기도하며 나아갈 때 우리가 가진 문제를 해결할 수 있다. 야이로는 기도하는 자리에 앉아만 있지 않았다. 예수님께 나아가서 엎드렸다. 야이로의 간곡한 요청에 예수님은 그와 함께 가셨다. 하나님의 임재가 시간 속에서 역사하기 시작한 것이다.

두 사람의 기다림

야이로의 간곡한 요청이 예수님을 움직였다. 드디어 하나님의 타이밍, 카이로스가 시작된 것이다. 야이로는 예수님과 함께 집으로 가면서 생각했다.

'이제는 우리 딸이 살았구나! 예수님께서 우리 집에 빨리 가셔서 딸의 몸에 능력의 손을 얹고 기도하면 반드시 살아날 거야.'

야이로는 아주 기쁜 마음으로 걸었다. 발걸음은 가볍고 평소보다 빨랐다. 얼마나 다행스럽고 안심이 되었을까. 하지만 발길을 재촉해 가는 야이로에게 예상하지 못한 상황이 전개된다. 예수님께서 갑자기 걸음을 멈추시고, 바싹 따라오던 큰 무리에게 돌아서서 뭐라고 말씀하신다.

"누가 내 옷에 손을 대었느냐?"

그때 한 여인이 무리 가운데서 나와 예수님 앞에 엎드린다. 야이로는 초조해진다. 그는 속으로 이렇게 소리치고 있었을지 모른다.

'예수님 뭐 하세요? 빨리 가시지 않고…. 우리 딸이 죽어간다고요.'

야이로는 초조한 모습으로 두 손을 꽉 쥐고 서 있었다. 그저 무리 곁으로 가까이 가서 예수님과 여인의 대화를 지켜보는 수밖에 없었다. 예수님과 함께 서둘러 가야 하는 야이로의 가슴은 새까맣게 타들어 갔다.

열두 해를 혈루증으로 앓아 온 한 여자가 있어 많은 의사에게 많은 괴로움을 받았고 가진 것도 다 허비하였으되 아무 효험이 없고 도리어 더 중하여졌던 차에 예수의 소문을 듣고 무리 가운데 끼어 뒤로 와서 그의 옷에 손을 대니 이는 내가 그의 옷에만 손을 대어도 구원을 받으리라 생각함일러라 이에 그의 혈루 근원이 곧 마르매 병이 나은 줄을 몸에 깨달으니라 (막 5:25-29)

그 여인이 있었던 현장에는 예수님을 본 사람들이 아주 많았다. 하지만 예수님을 봤다고 모두가 하나님의 시간을 만나는 것은 아니다. 12년 동안 혈루증을 앓고 있던 여인은 믿음대로 치유됐다. 예수님의 옷에 손을 댄 것 밖에는 없는데, 출혈이 멈추고 깨끗하게 나았다. 얼마나 기뻤을까. 이 여인은 자신도 모르는 사이에 바로 하나님의 카이로스에 들어오게 된 것이다. 여인은 하나님의 만지심, 하나님의 타이밍, 하나님의 임재를 12년 동안 기다렸다. 긴 세월 동안 눈물을 삼키며 인내하며 기다렸다. 인내하다 예수님을 만나니 예수님께 더 적극적으로 다가갈 수 있었다. 예수님을 만나고 옷자락에 손을 대니 '여호와 라파', 치료의 하나님을 경험했다. 12년 동안 멈춘 것처럼 살아왔다가 궤도에 올라서게 되었다. 그리고 예수님을 통해서 하나님의 시간을 의미하는 '카이로스'를 만났다. 그리고 그 시간 속에서 프리웨이를 달리기 시작한다.

"누가 내 옷에 손을 대었느냐."

뒤돌아서 무리들을 향해 질문하시는 예수님께 제자들이 말한다.

"예수님! 이렇게 많은 무리들이 밀치다 보니 예수님 옷에 닿았겠지요."

"예수님, 그냥 갑시다. 회당장 야이로가 기다리잖아요."

베드로는 한술 더 뜬다.

"예수님! 그냥 가요. 제가 만졌어요. 그러니 빨리 가요."

예수께서 그 능력이 자기에게서 나간 줄을 곧 스스로 아시고 무리 가운데서 돌이켜 말씀하시되 누가 내 옷에 손을 대었느냐 하시니 제자들이 여짜오되 무리가 에워싸 미는 것을 보시며 누가 내게 손을 대었느냐 물으시나이까 하되(막 5:30-31)

제자들은 멈춰 서서 시간을 지체하시는 예수님이 답답했다. 그들은 인생의 단순한 시간을 의미하는 '크로노스'의 관념 속에 살았기 때문이다. 야이로도 별반 다르지 않았을 것이다. 야이로의 시간은 멈춰버린 것 같았다. 하지만 그는 인내심을 갖고 아무 말 없이 예수님과 제자들이 대화하는 것을 기다렸다. 예수님과 여인이 대화하는 것을 그저 지켜보고 있었다. 그리고 그는 12년 동안 앓았던 여인의 혈루증이 예수님 때문에 깨끗이 나은 것을 목격했다.

> 예수께서 이 일 행한 여자를 보려고 둘러 보시니 여자가 자기에게 이루어진 일을 알고 두려워하여 떨며 와서 그 앞에 엎드려 모든 사실을 여쭈니 예수께서 이르시되 딸아 네 믿음이 너를 구원하였으니 평안히 가라 네 병에서 놓여 건강할지어다 (막 5:32-34)

야이로는 이를 보며, 자신의 딸에게도 이런 기적이 일어날 거라는 소망을 가졌다. 그래도 1분 1초가 급한 상황에서 여인과 대화를 하며 자꾸 시간을 까먹는 예수님이 답답했을 것이다. 치료가 끝났으니 예수님께 빨리 집으로 가자고 말하고 싶었을 것이다. 예수님은 그런 야이로의 마음을 아는지 모르는지 여인과 계속 말씀을 이어가신다. 그런데 그때 충격적인 전갈을 받게 된다.

"회당장님! 당신의 딸이 죽었습니다. 이제 선생님을 더는 괴롭히지 마십시오."

이게 무슨 일인가! 딸이 죽었으니 더 이상 소망이 없다며 포기하고 가자는 말이다. 그때 야이로의 눈에 제일 먼저 들어온 사람은 누구일까? 아마도 혈루증 여인이었을 것이다. 하나님의 만지심, 치료하심을 기다리던 회당장 야이로의 마음은 어땠을까? 혈루증 여인을 원망했을지도 모른다.

'저 여인만 아니었어도 우리 딸이 살 수 있었는데….'

그리고 어쩌면 예수님도 원망했을지 모른다. 어린 외동딸을 잃게 된 아버지의 마음을 그 누가 이해할 수 있겠는가. 가슴 저미는 슬픔, 그 비통함을 누가 알겠는가.

혈루증 앓아 온 여인은 12년을 기다렸고, 야이로는 길어야 한 시간 정도를 기다렸을 것이다. 하지만 누구의 기다림을 더 길다 짧다 말할 수 있겠는가. 시간적 차이는 있지만 아픔과 고통의 마음은 같을 것이다. 야이로의 기다림 역시 요셉이 기다렸던 13년, 다윗이 기다렸던 15년과 아브라함이 기다렸던 25년, 그리고 야이로 앞에 있는 12년간 혈루증을 앓은 여인의 시간과 별다를 바 없을 것이다. 기다림은 쉽지 않다. 하지만 기다리는 동안 절망하고 포기한다면 우리는 목표를 향해서 달려갈 수 없다. 반드시 기억해야 한다. 하나님은 단 한 번도 우리를 포기하지 않으신다. 절망의 계획은 사탄이 세우고, 소망의 계획은 하나님이 세우신다. 그들 모두가 예정된 시간을 기다린 후에야 하나님의 시간을 경험할 수 있었고, 하나님이 움직이기 시작하셨다.

오직 믿음으로

야이로의 집에서 온 사람들이 회당장에게 딸이 죽었다고 말했다. 예수님은 차분한 눈빛으로 야이로를 바라보며 그를 안심시켰다. 절망에 빠져있는 야이로에게 예수님은 말씀하셨다.

"두려워하지 말고 믿기만 하라."

회당장 야이로와 종들은 예수님이 죽은 사람을 살리시는 권세가 있으신 줄 몰랐다. 누가복음 7장에 죽은 나인성 과부의 아들을 살리신 사건이 전 유대에 퍼졌는데, 그들도 그 소문을 들었다면 상황이 달랐을 것이다. 야이로가 예수님께 이렇게 요청하지 않았을까.

"예수님, 얼마 전에 나인성 과부의 아들을 살리셨던 것처럼 우리 딸도 살려주세요."

야이로의 집안사람들도 이렇게 말했을 것이다.

"당신 딸이 죽었습니다. 그러나 예수님께서 건너편 나인성 과부의 아들을 살리신 것처럼 당신 딸을 고치실 겁니다."

하지만 야이로와 그 집안사람들은 예수님이 죽은 자를 살릴 수 있는 권세가 있다는 걸 몰랐다. 그리고 예수님은 야이로의 믿음을 원하셨다. 앞이 보이지 않고 절망적인 상황에서도 예수님을 바라보는 야이로의 믿음을 보고 싶으셨다. 예수님은 야이로가 하나님의 시간으로 들어오기를 바라셨다. 믿음으로 그 시간을 기다리며 초조해하지 않기를 바라셨다.

"두려워하지 말고 믿기만 하라."

그 말씀에 야이로의 믿음은 더욱 든든해졌다. 야이로는 믿음으로 한 걸음 나아가기로 결정했다.

예수님이 회당장 야이로와 제자들과 함께 야이로의 집 앞에 거의 도착하셨다. 도착하기 전부터 곡하는 소리가 들렸다. 예수님은 집으로 바로 들어가 야이로의 딸이 누워있는 방으로 향했다. 가시면서 예수님이 하시는 말씀은 과히 충격적이었다.

"왜 시끄럽게 애곡하느냐! 이 아이는 죽은 것이 아니라 자는 것이다."

집에서는 난리가 났다. 죽은 아이더러 자고 있다고 하니 말이 되는가. 울던 사람들이 기가 막히다는 표정을 지었다. 더러는 예수님을 비웃었다. 그러나 예수님은 아랑곳하지 않으셨다. 예수님은 아이의 부모와 세 명의 제자, 베드로와 요한, 야고보를 데리고 아이 방에 들어가서 누워 있는 아이 손을 잡고 말씀하셨다.

"**달리다굼**(소녀야 일어나라)."

사람들이 죽었다고 하던 야이로의 딸이 예수님의 만지심으로 살아났다. 예수님의 말씀대로라면 잠에서 깨어난 것이다. 야이로가 인내함으로 예수님을 의지하고 기다려 마침내 하나님의 카이로스를 경험하게 된 것이다. 만약 야이로가 예수님이 혈루증 여인을 만나고 계신 그 자리에서 화를 못 참고 성급하게 떠났다면, 혹은 딸이 죽었다는 소식을 듣고 원망하고 절망했다면, 두려워하지 말고 믿기만 하라는 예수님의 말씀을 의심하고 무시했다면, 과연 어떻게 됐을까? 야이로의 딸이 살아날 수 있었을까?

"예수님! 그만합시다. 내가 당신을 잘못 봤네요."

야이로가 이런 말이라도 하며 집으로 돌아갔다면, 아마도 하나님의 카이로스를 경험하지 못했을 것이다.

성경에서 가정이라는 건 있을 수 없겠지만, 혹여라도 그의 믿음이 부족했다면 하나님의 카이로스는 야이로로부터 멀어졌을 것이다.

자메이카의 '우사인 볼트'는 올림픽 금메달리스트로 세계기록을 보유하고 있는 육상 선수다. 몇 년 전 그는 100미터 경기에서 실격을 당했다. 정말 어처구니없는 실수 때문이었다. 출발 총소리를 끝까지 기다리지 못하고, 미리 출발하는 바람에 실격 처리되었다. 금메달을 딸 수 있는 결승전의 기회를 부정출발로 날려버린 것이다.

간절히 부탁한다. 하나님의 시간, 하나님의 타이밍, 하나님의 카이로스, 하나님의 손길을 기다리기 바란다. 그리고 하나님의 시간에 용기를 내어 믿음으로 한걸음 나아가길 바란다. 우사인 볼트처럼 급하게 나가서는 안 된다. 고지가 얼마 남지 않았을지도 모른다. 그 순간만 잘 기다리면 하나님의 시간에 들어갈 수 있다. 혈루증을 앓고 있었던 여인은 12년 동안을 기다리다가 소식을 듣자마자 예수님께 나아갔다. 야이로는 절박한 상황에서도 혈루증 여인과 예수님의 대화에도 끝까지 기다렸다. 딸이 죽었다는 이야기를 들었을 때도 예수님을 신뢰했다. 혈루증 여인과 야이로처럼 하나님의 시간을 오직 믿음으로 기다려야 한다.

기도하고, 기대하며, 기다리는 것! 하나님의 때를 온전히 만나기 위해 그것보다 중요한 것은 없다.

> 믿음이 없이는 하나님을 기쁘시게 하지 못하나니 하나님께 나아가는 자는 반드시 그가 계신 것과 또한 그가 자기를 찾는 자들에게 상주시는 이심을 믿어야 할지니라 (히 11:6)

믿음은 기다림을 전제로 한다. 믿음은 인내로 열매를 맺는다. 예수님을 만나면 그 자리에 멈춰서 있어서는 안 된다. 그 즉시 예수님께로 달려가야 한다. 예수님이 모든 문제를 해결해주시는 우리 하나님 아버지이심을 믿고 달려가야 한다.

하나님은 우리에게 자신을 알리는 분이시다. 우리가 하나님의 시선으로 우리의 문제를 바라보며 믿음으로 나아갈 때, 하나님은 재앙을 흔들어 형통으로 바꾸실 것이다. 하나님의 시간에 하나님의 역사가 일어나는 것을 보게 하실 것이다. 야이로와 혈루증 여인이 그랬던 것처럼, 이사야가 그랬던 것처럼, 하나님은 우리가 믿음으로 기다리기를 원하신다.

우리는 얼마나 하나님의 카이로스를 기다리고 있는가? 기다리고 기다리는데 아무런 소식이 없어 낙심하고 있거나, 기다리다 지쳐 속이 새까맣게 타버린 이들이 있는가? 그렇다면 예수님께서 말씀하시는 것을 기억하기 바란다.

"두려워하지 말고 믿기만 하라!"

하나님은 결코 우리의 힘든 상황을 외면하지 않으신다. 지금의 고난은 우리로 하여금 하나님을 향한 온전한 신뢰와 믿음을 키우게 하시려고 잠시 허락하신 시간이다. 야이로의 믿음이 굳건해지길 기다리신 것처럼 말이다.

하나님과 숨바꼭질

숨바꼭질은 어렸을 때 많이 했던 게임이다. 가위바위보를 해서 진 사람이 술래가 된다. 술래는 숫자를 헤아린다. 하나, 둘, … 열까지 카운트를 하는 동안 다른 아이들은 각자가 원하는 장소에 가서 숨는다. "꼭꼭 숨어라. 머리카락 보일라." 하고 외치며 장단을 더하면 게임이 더 재미있어진다.

숨바꼭질에는 룰이 있다. 한 사람이 술래가 되고 나머지는 숨는 것인데 술래가 한 사람을 찾으면 그 사람이 다시 술래가 되는 것이다. 술래에게 잡힌 사람은 '잡힌 것'을 인정하고 술래가 되어 다른 사람을 찾아야 한다. 따라서 이 놀이는 역할이 잘 바뀌어야 순조롭게 진행된다. 술래에게 잡힌 사람이 순순히 인정하고 술래가 되어야 한다. 인정을 하지 않고 잡히지 않았다고 우기면 게임을 망치게 된다.

성경에도 하나님과 숨바꼭질을 했던 사람들이 나온다. 하나님께서 술래가 되어 사람들을 찾으시고, 사람들은 하나님을 피해서 숨어버렸다. 문제는 그들이 너무 오랫동안 숨어버린다는

데 있다. 더 큰 문제는 하나님만 늘 술래가 되신다는 것이다. 그들은 하나님을 찾지 않고 숨어버린다. 하나님과의 숨바꼭질에서 술래는 늘 하나님이었다.

여호와의 말씀이 아밋대의 아들 요나에게 임하니라 이르시되 너는 일어나 저 큰 성읍 니느웨로 가서 그것을 향하여 외치라 그 악독이 내 앞에 상달되었음이니라 하시니라 그러나 요나가 여호와의 얼굴을 피하려고 일어나 다시스로 도망하려 하여 욥바로 내려갔더니 마침 다시스로 가는 배를 만난지라 여호와의 얼굴을 피하여 그들과 함께 다시스로 가려고 배삯을 주고 배에 올랐더라 여호와께서 큰 바람을 바다 위에 내리시매 바다 가운데에 큰 폭풍이 일어나 배가 거의 깨지게 된지라 (욘 1:1-4)

요나도 그랬다. 요나도 하나님을 술래로 만들고 도망쳤다.
한 집사님에게 요나와 하나님과의 숨바꼭질에 대해 이야기를 했더니 눈물을 흘렸다. 왜 그러냐고 물었더니 자기는 어릴 때 늘 술래만 했다고 했다. 자기가 술래가 되어 상대방을 분명히 찾았는데, 상대는 매번 잡히지 않았다고 부인했다고 했다. 그 이후로 숨바꼭질을 그리 좋아하지 않게 되었다고 했다.
"하나님께서 늘 술래만 하신다는 이야기를 들으니 눈물이 나옵니다. 하나님의 심정을 조금 더 알 것 같아요. 하나님께서 나를 찾으시면 반드시 반응을 해야겠습니다."

그렇다. 사실 하나님도 계속 술래가 되길 원하지는 않을 것 같다. 그래서 하나님은 성경 곳곳에서 자신을 찾으라고 말씀하신다.

여호와께서 이스라엘 족속에게 이와 같이 말씀하시기를 너희는 나를 찾으라 그리하면 살리라 (암 5:4)

여호와여 내가 소리 내어 부르짖을 때에 들으시고 또한 나를 긍휼히 여기사 응답하소서 너희는 내 얼굴을 찾으라 하실 때에 내가 마음으로 주께 말하되 여호와여 내가 주의 얼굴을 찾으리이다 하였나이다 (시 27:7-8)

그러나 네가 거기서 네 하나님 여호와를 찾게 되리니 만일 마음을 다하고 뜻을 다하여 그를 찾으면 만나리라 (신 4:29)

하나님은 우리에게 자신을 알리고 싶어 하신다. 또한 우리가 당신을 찾기 원하신다. 하나님의 부르심에 우리가 반응하기 원하신다. 반응 없는 우리에게 하나님은 계속해서 말씀하신다. 이제는 술래가 될 차례라고 말이다. 하나님은 요나에게도 말씀하셨다.

"요나야, 이제 네가 술래가 되면 안 되겠니?"

하지만 요나는 하나님께 잡혔는데도 인정하는 둥, 마는 둥 한다. 게다가 술래도 하지 않아 하나님이 시작하신 게임을 망치려고 했다. 하나님은 그와 재밌게 게임하고 싶어 하셨는데, 그는 계속해서 도망만 쳤다. 요나와 숨바꼭질하고 싶으셨던 하나님은 아밋대의 아들 요나에게 나타나 이렇게 말씀하셨다.

> 너는 일어나 저 큰 성읍 니느웨로 가서 그것을 향하여 외치라 그 악독이 내 앞에 상달되었음이니라 하시니라 (욘 1:2)

하지만 요나는 그 명령을 듣고도 듣지 않은 사람처럼, 아니 안 듣기로 작정한 사람처럼 여호와의 얼굴을 피해 스페인의 옛 무역항 다시스로 도망갔다. 다시스로 가려면 욥바 항구에 가야 했는데 요나가 그곳에 갔더니 마침 다시스로 떠나는 배가 있었다. 요나는 이렇게 생각했을 것이다.

'나는 정말 운이 좋아! 하늘이 나를 돕는구나.'

요나는 재빠르게 뱃삯을 주고 배 위에 올라탔다. 그는 하나님의 얼굴을 피하기 위해 배 밑바닥까지 내려가서 잠을 자기 시작했다. 코를 골면서 누가 잡아가도 모를 정도로 잠에 취해 있었다. 큰 폭풍이 와서 배가 파산할 지경이 됐는데도 세상모르고 깊은 잠을 잤다.

하나님이 내리신 거대한 폭풍 속에서 배 안의 사람들은 두려워 떨었다. 그들이 각각 자신들의 신을 부르며 살려달라고 기도하고 하늘을 향해 절하기도 했지만, 폭풍은 전혀 잠잠해지지 않왔다. 바람은 더 강하게 불고 파도가 산처럼 높아 배가 거의 깨질 지경에 이르렀다. 사람들은 배를 가볍게 하려고 물건들을 바다에 던지기 시작했다. 그러다 배 아래로 내려온 선장이 자고 있는 요나를 발견했다. 그는 화가 나서 요나에게 소리쳤다.

"당신은 지금 뭐하는 것이오? 이런 생사의 위기에 잠을 자고 있다니! 어서 일어나서 당신의 신에게 부르짖으시오. 행여나 그 신이 우리를 생각해 준다면, 우리가 죽지 않고 살아날 수도 있지 않겠소?"

뱃사람들이 서로 말했다.

"우리가 제비를 뽑아서 누구 때문에 이런 재앙이 우리에게 내렸는지 알아봅시다."

역시나 요나가 걸렸다. 술래이신 하나님이 멀리 도망가려던 요나를 찾으셨으니, 이제 요나가 술래가 될 차례였다. 요나도 이젠 자신이 술래가 되어야 한다는 사실을 알았다. 이제는 요나가 하나님의 얼굴을 구하고, 하나님을 찾아야 한다는 뜻이었다. 그들이 요나에게 물었다.

"우리에게 얘기하시오. 무엇 때문에 이런 재앙이 우리에게 내린 것이오? 당신은 뭘 하는 사람이며, 어디서 왔소? 어느 나라 사람이오? 어떤 백성이오?"

더는 숨길 수가 없었다. 요나는 자신이 하나님과 숨바꼭질 중임을 말할 수밖에 없었다.

"나는 히브리 사람이오. 하늘에 계신 주 하나님, 바다와 육지를 지으신 그분을 섬기는 사람이오. 사실은 내가 하나님과 숨바꼭질을 하고 있소. 술래에게 잡혔는데도 뿌리치고 다시스로 도망치는 중이라오."

요나가 사람들에게 사실대로 말하니, 그들이 겁에 질려서 소리쳤다.

"당신은 어쩌자고 그렇게 했소?"

하나님을 믿지 않는 이방인들이 요나를 혼냈다. 그들은 하나님이 살아계신다는 사실을 요나보다 더 잘 알고 있었다. 그들은 하나님의 말씀을 듣지 않는 요나를 책망했다. 그러는 사이에 바다의 파도는 점점 더 거세게 일어났다. 사람들은 그에게 다시 물었다.

"우리가 당신을 어떻게 해야 저 바다가 잔잔해지겠소?"

요나는 그 문제를 해결할 방법을 알고 있었다. 그는 드디어 술래가 되기로 결정하고 그들에게 말했다.

"나를 들어서 바다에 던지시오. 그러면 저 바다가 잔잔해질 것이오. 바로 나 때문에 이 태풍이 당신들에게 닥쳤다는 것을 알게 될 것이요. 나는 그 사실을 알고 있소."

뱃사람들은 처음에는 요나의 말을 듣지 않았다. 자기의 힘으로 노를 저어서 육지로 가보려고 했다. 하지만 파도가 점점 더 거세게 일어나서 어쩔 수 없었다. 뱃사람들은 주님을 부르며 아뢰었다.

"하나님, 우리가 이 사람을 죽인다고 해서 우리를 죽이지 말아

주십시오. 주님께서는 뜻하시는 대로 하시는 분이니, 우리에게 살인죄를 지우지 말아 주십시오."

그들은 이렇게 말하고 요나를 들어서 바다에 던졌다. 그러자 아무 일도 없었다는 듯이 폭풍이 일던 바다가 다시 잔잔해졌다. 뱃사람들은 하나님을 두려워하게 되었다. 그리고 여호와 하나님을 섬기기로 약속했다. 하나님께서는 바다에 큰 물고기 한 마리를 준비해 두셨다가 요나를 삼키게 했다. 요나는 3일 밤낮을 그 물고기 뱃속에서 지냈다.

그럼에도 불구하고

요나의 이야기를 묵상하면서 두 가지 의문이 생겼다. 하나는 하나님이 그냥 요나를 버리고 다른 사람을 선택할 수 있었는데 왜 굳이 도망치는 요나를 집요하게 찾으셨을까 하는 것이다. 하지만 묵상하며 발견한 한 가지 사실이 있다. 그것은 요나에 대한 하나님의 사랑이다. 사실 요나서 1-4장 중, 니느웨에 대한 내용은 3장에 조금 나온다. 요나서 전체는 하나님과 요나와의 관계, 즉 하나님과 요나가 숨바꼭질을 하며 '잡았다. 잡혔다.'로 갈등하는 이야기이다. 하나님께서는 이방 민족들을 사랑하시고 그들을 구원의 길로 인도하시기를 원하셨다. 특별히 요나를 통해서 니느웨를 구원하고 싶은 마음이 많았지만, 요나는 그 사명을 피해 도망간다.

요나서 1장은 놀라운 구원의 사건을 보여 준다. 니느웨로 가라는 하나님의 말씀에 요나가 불순종하여 도망가기 위해 탄 배가 광풍을 만났는데 결국에는 그 뱃사람들이 다 하나님을 섬기게 된 사건이다. 문제 안으로 들어갔는데 그 문제가 해결될 뿐 아니라 이방 민족들이 하나님이 살아계심을 발견하고, 하나님을 경외하며 섬기기로 결정했다는 것이다. 하나님은 요나의 불순종 사건을 통해서 배에 탄 이방인들을 구원할 계획이 있었던 것 같다. 하나님은 불순종한 하나님의 백성들도 사랑하신다. 정말 이상하지 않은가?

불순종한 아담과 하와를 살리셨고, 불순종한 이스라엘 백성들이 40년 동안 광야 생활을 할 때, 낮에는 구름기둥과 밤에는 불기둥으로 보호하셨다. 그뿐인가? 하나님은 불순종한 우리들을 너무 사랑하셔서 독생자 예수님을 이 땅에 보내셨다. 예수님을 십자가에 못 박은 이 땅의 사람들을 용서하고 구원하시려는 계획을 세우셨다. 나 같이 못나고 불순종한 사람을 위해 예수님은 이 땅에 오셨다.

다른 의문점은 요나가 왜 불순종했는가 하는 것이다. 술래인 하나님께 잡혔다면 이제는 그가 술래가 되어 하나님의 얼굴을 구하고 도움을 의지해서 니느웨로 가기만 하면 되었다. 하나님이 이르신 대로 그곳에서 "너희들의 죄악이 하나님 앞에 이르렀다. 40일만 지나면 니느웨가 무너질 것이다!"라고 선포만 하면 일이 쉽게 끝날 터였다. 그곳에 가서 외치기만 하면 되는, 별로 어려운 일도 아니었다. 도대체 그 일이 요나에게는 얼마나 힘들고 어려웠기에 단기선교 3박 4일 정도도 못하겠다며 다시스로 도망가기로 결정한 것일까?

당시의 역사적인 배경과 문화적인 상황을 살펴본다면 이해하는데 도움이 될 것이다. 당시 니느웨는 앗수르의 수도였는데 앗수르는 바벨론 이주민들이 세운 나라로 당대 강국이었다. 때문에 틈만 나면 이스라엘을 비롯한 부근의 나라들을 침략했다. 당시 북이스라엘은 B.C. 854년에 앗수르의 침략을 받아 많은 재물을 조공으로 바치기도 했고, B.C. 722년에는 앗수르가 북이스라엘의 수도 사마리아를 점령하여 이스라엘이 멸망하기에 이른다. 그러니 앗수르의 수도 니느웨는 이스라엘 사람들에게는 공포와 저주의 상징이었다. 고대 근동 지방에서 그들의 고문 방법은 가장 잔악했고, 이스라엘에게 그들은 이교적 잔악 행위와 도덕적 악행의 화신이었다. 요나는 이 앗수르 군인들의 잔혹함을 보았기에 니느웨 사람들이 구원받는 것이 싫었고, 따라서 거기에 가는 것을 거부했을 것이다.

마치 우리 한국과 일본의 관계와 비슷하다. 임진왜란부터 시작해서 일제강점기에는 일본 군인들이 한국을 점령해 잔인하고 포악한 일들을 많이 저질렀다. 가정과 학교의 교육 탓일까. 어릴 때 일본 사람들이 나에게 나쁜 짓을 하거나 불이익을 주지 않았는데도, 일본 사람들만 보면 그냥 화가 났다. 특히 일본과 한국이 축구를 하면 마구잡이로 흥분해서 소리를 지르고 난리를 쳤다. 무슨 일이 있어도 일본하고 치루는 경기에서는 한국이 꼭 이겨야만 했다.

그들은 우리나라를 욕보이고 잔혹한 방법으로 생명을 앗아가며, 인간의 자유와 존엄성을 짓밟는 악행을 서슴지 않았다. 그런 그들도 복음을 들을 자격이 있을까? 구원받을 자격이 있는가? 만약 당신에게 일본에 가서 복음을 전하라고 한다면 기쁘게 순종하겠는가? 더 쉬운 예로 원수가 된 사람에게 하나님의 사랑을 전해서 그가 구원을 받는다면 마음이 편안하겠는가? 이 일을 기꺼이 허락하겠는가? 쉽지 않을 것이다.

나는 93년도 3월에 몽골에 들어갔다. 한 해 동안 우리 단체는 L선교사를 중심으로 농업 프로젝트 사역을 했고, 몽골 최초로 한국의 채소 재배에 성공해 몽골 신문·방송, 한국 조선일보와 국민일보에 기사가 나가기도 했다. 그 다음 해인 94년도에는 교회를 개척했다. 특별히 12명의 현지인 제자들을 훈련시켰다. 그들에게 하나님의 사랑, 예배, 기도, 헌신, 섬김, 선교, 복음을 가르쳤다. 우리는 그들과 함께 중국 북부에 위치한 내몽골에 단기선교를 가기로 했다. 내몽골은 중국령에 있는 소수 민족 자치주 중 하나이다. 중국 국적을 가지고 있는 몽골민족이 중국의 한족과 함께 살고 있는 곳이다. 그런데 모두들 많이 불편해했다. 그들은 왜 하필 중국이냐며, 러시아도 있고, 카자흐스탄도 있는데 다른 곳에 가면 안 되냐고 질문했다.

사역자들은 좀 당황했다. 리더들이 기도하면서 결정한 곳인데 가라고 하면 갈 것이지, 오히려 다른 곳으로 가고 싶다는 몽골 현지인들이 얄밉기도 했다. 우리는 왜 중국 내몽골에 전도여행을 가면 안 되는지 물었다. 그들은 한목소리로 중국과 몽골은 오랜 세월 동안 원수처럼 지낸 관계인데, 어떻게 그들에게 복음을 전할 수 있느냐고 하는 것이 아닌가?

몽골 역사를 찾아보니 일본과 우리나라의 안 좋은 관계 그 이상의 뼈아픈 역사가 있었다. 서로 죽이고 짓밟고, 지배하고 당하며, 한을 품고 치를 떨던 조상들의 삶이 20세 전후의 몽골 청년들 마음속 깊이 자리 잡고 있었다. 1,900년 초에는 만주가 몽골 민족을 70만 명만 남기고 다 죽였다고 하니 그 처절한 아픔이 아직도 그들에게 전해져 오는 것 같았다.

그러나 성령님의 역사는 조상 대대로 내려온 상처로 얼룩진 굳은 그들의 마음을 녹여 버렸다. 전도여행 일주일을 남겨놓고 우리는 하나님께 예배를 드렸다. 모든 민족을 구원하시기를 기뻐하시는 하나님의 마음을 그들이 알게 되기를 기도했다. 마침내 몽골 형제자매들이 중국 사람들을 향한 하나님의 마음을 알게 되었고 그들을 용서하며 눈물로 전도여행을 준비했다. 은혜롭게 전도여행을 마쳤다. 그 후에도 많은 몽골인들이 중국에 복음을 전하러 갔다.

끝까지 술래하기

요나는 사랑스럽지 않은 사람을 사랑할 수 없었다. 그러나 하나님의 초자연적인 능력으로 어쩔 수 없이 선교사가 되어 그들에게 복음을 전했다. 요나서 3장에 보면 하나님께서 요나에게 이렇게 말씀하셨다.

"너는 저 큰 니느웨 성으로 가서 내가 전에 너에게 말한 대로 니느웨 성의 멸망을 선포하라."

더는 어쩔 수가 없었다. 울며 겨자 먹기로 요나는 니느웨 성을 하루 종일 돌아다니며 "40일 후에는 이 성이 멸망할 것이요."라고 힘없고 짜증스럽게 외쳤다. 그런데 놀라운 일이 벌어졌다. 니느웨 성의 모든 국민들이 금식하며 회개한 것이다. 더 나아가서 니느웨 왕이 이 소식을 듣고 왕복을 벗고 굵은 삼베옷을 입은 채로 잿더미에 앉았다. 그리고 니느웨 사람들에게 이런 조서를 내렸다.

왕과 그의 대신들이 조서를 내려 니느웨에 선포하여 이르되 사람이나 짐승이나 소 떼나 양 떼나 아무것도 입에 대지 말지니 곧 먹지도 말 것이요 물도 마시지 말 것이며 사람이든지 짐승이든지 다 굵은 베 옷을 입을 것이요 힘써 하나님께 부르짖을 것이며 각기 악한 길과 손으로 행한 강포에서 떠날 것이라 하나님이 뜻을 돌이키시고 그 진노를 그치사 우리가 멸망하지 않게 하시리라 그렇지 않을 줄을 누가 알겠느냐 한지라 (욘 3:7-9)

하나님께서는 니느웨가 악한 길에서 돌이켜 떠난 것을 보시고 그들에게 예정되었던 재앙을 내리지 않았다. 요나는 그들에게 구원을 베풀기 어려워했지만, 하나님은 달랐다. 예수님은 사랑스럽지 않은 사람도 사랑하셨다. 그리고 하나님께 순종하셨기에 십자가에 못 박혀 죽으셨다. 하지만 요나는 그러지 못했다.

혹시 우리 가운데 요나와 같은 사람이 있는가? 우리가 요나 같은 사람임에도 불구하고, 하나님은 우리를 끝까지 찾으신다. 나에 대한 사랑을 멈추지 않으시고 끝까지 찾으신다. 하나님은 매번 우리의 술래가 되어 주신다. 도망치고 또 도망쳐도 결국 찾으신다. 정말 감사한 일이 아닌가? 그렇다면 우리도 한 번쯤 술래가 되어보는 것도 좋지 않을까? 아니 매일 새벽마다 술래가 되어 하나님의 얼굴을 찾는 건 어떨까?

하나님은 우리가 하나님을 찾고, 하나님 마음에 들기를 원하신다. 그리고 언제나 우리를 기다리신다. 하나님은 우리가 하기 싫은 그 일을 통해서도 일하기 원하시며, 그 일을 통해 하나님을 믿지 않는 사람들에게 하나님을 알리기 원하신다. 그게 하나님의 방법이다.

하나님의 계획과 일하심에 동참하고 싶지 않은가? 하나님은 우리가 기꺼이 그분의 명령에 따르며 하나님을 찾을 때, 우리를 만나주실 것이다. 그럴 때 하나님께서 잡혀주시고 다시 하나님은 술래가 되실 것이다. 도망치고 싶은가? 이 아름답고, 재미있는 게임을 망칠 것인가? 우리의 놀라운 미래를 두고 도망가겠는가? 술래이신 하나님께 잡히는 그 순간, 기꺼이 술래가 되어 하나님을 찾는 우리가 되어야 할 것이다. 하나님의 사랑에 순종하며 끝까지 하나님의 얼굴을 찾고 구하는 거룩한 술래가 되길 소망한다.

제3부
질주의 자격

중보기도를 해본 사람은 알겠지만 다른 사람을 위해 기도한다는 건 여간 어려운 일이 아니다. 목회자나 선교사라고 해서 중보기도가 술술 나오지 않는다. 생면부지의 누군가를 위해, 이름도 들어본 적 없는 민족을 위해, 때로는 가본 적 없는 땅을 놓고 기도해야 할 때는 인간적인 마음이 들지 않겠는가? 당연한 일이다. 하지만 하늘나라 CEO(Chief Executive Officer · 최고경영자)인 하나님의 부하직원인 우리는 회사의 목표와 대표님의 업무를 잘 파악하고 있어야 한다. 회사를 위해, 직원을 위해 불철주야 과로를 마다않는 대표님의 마음을 헤아려야 한다. 그런 직원은 고속 승진은 물론이거니와 돈으로도 살 수 없다는 대표님의 신임을 얻는다. 하나님의 일도 세상의 일과 마찬가지이다. CEO 하나님에게 늦지 않게 보고서를 올려드리고 긴밀한 전략을 내려받는다. 중보기도를 통해 CEO 하나님의 크신 계획과 뜻을 감지할 수 있다.

성벽 위의 파수꾼

모세와 아론과 훌은 중보기도자였다. 그들은 이스라엘 백성들을 위해 기도했다. 여호수아 군대와 아말렉이 전쟁을 치르고 있을 때였다. CEO이신 하나님은 모세에게 손을 들고 기도할 때 승리를 허락해주실 것을 알려주셨다. 이스라엘 백성들이 승리하기 위해서는 하나님의 절대적인 힘이 필요했다. 모세가 손을 들고 기도하면 여호수아 군대가 이기고, 손을 내려 기도하지 않으면 뒤로 밀렸다. 모세 옆에 있던 아론과 훌은 모세의 팔을 함께 들어주면서 모세가 계속 손을 들고 기도할 수 있게 도와주었다. 결국 모세의 기도를 들으신 CEO 하나님의 일하심으로 이스라엘 백성이 승리하게 됐다. 모세와 아론과 훌이 합심하여 기도할 때 이스라엘이 승리했다.

모세가 손을 들면 이스라엘이 이기고 손을 내리면 아말렉이 이기더니 모세의 팔이 피곤하매 그들이 돌을 가져다가 모세의 아래에 놓아 그가 그 위에 앉게 하고 아론과 훌이 한 사람은 이쪽에서, 한 사람은 저쪽에서 모세의 손을 붙들어 올렸더니 그 손이 해가 지도록 내려오지 아니한지라 여호수아가 칼날로 아말렉과 그 백성을 쳐서 무찌르니라 (출 17:11-13)

CEO 하나님이 일하실 수 있도록 중보기도자들은 파수꾼처럼 주야로 다른 사람들(이웃, 교회, 나라와 민족, 열방)을 위해서 합심하여 기도해야 한다. 파수꾼은 망대에 올라가서 적군이 오는지 오지 않는지 밤새도록 지키는 자이다. 만약 적군이 나타나면 나팔을 불거나, 소리를 지르는 등의 신호를 줘야 한다. 가만히 있으면 안 된다. 파수꾼이 졸거나 개인적인 일에 바빠서 자기의 역할을 잘하지 못하면 그 성은 결국 함락되고 만다.

기도도 마찬가지이다. 기도에 집중하게 되면 하나님께 더 주의를 기울이게 된다. 하나님이 그 관계를 기뻐하신다. 하나님이 관심 갖는 그 사람을 위해 하나님은 쉬지 않으신다. 중보기도자들은 CEO 하나님을 쉬지 못하게 해야 한다.

나는 미주 캘리포니아 LA 지역에 있는 새생명비전교회 부목사로 중보기도 사역을 맡아 섬기고 있다. 우리 교회는 중보기도 사역으로 매우 활발하다. 실제로 성령의 역사가 일어나고 있으며, 많은 성도가 하나님의 일하심을 경험하고 있다.

예배를 위한 중보기도팀은 중보기도 사역 책임자, 중보기도를 인도하는 장로님과 팀장으로 구성되어 있다. 이곳 100여 명의 중보기도팀은 하나님을 곤란하게 만들고 있다. 쉬지 않고 기도하여 하나님을 쉬지 못하도록 하니 말이다. 중보기도팀은 새생명비전교회 예배만을 위해 기도하지 않는다. 성도 개인과 가정, 환우들 그리고 나라와 민족, 열방을 위해 기도한다. 우리 교회가 파송한 선교사님들과 선교 현장을 위해서도 기도하며 LA 주변의 교회들을 위해 기도한다.

새생명비전교회 중보기도 사역은 여러 종류로 나누어져 있다. 예배를 위한 중보기도팀은 토요일 저녁에 목회자들과 중보기도 사역자들, 일반 성도에 이르기까지 한목소리로 주일 예배를 위해 기도한다. SNS 중보기도는 카톡, 메신저, 이메일 등을 통해서 이루어진다. 기도 제목을 빠르게 전달하니 기도 응답도 빠르다. 911중보기도는 매일 저녁 9시 11분에 알람을 맞추고 알람이 켜지면 5분간 선교 현장과 한국과 미국의 정치, 경제적 안

정, 교회의 부흥과 성령 충만, 개인의 가정과 기업을 위해 기도를 드린다. 담임 목회자를 위한 중보기도는 담임목사님이 국내외 집회와 세미나를 할 때 일정과 시간에 맞게 한다. 교회 사역을 위한 특별 중보기도는 사역을 시작하기 2주 전부터 새벽에 모여서 사역을 위해 중보기도를 한다. 금요 심야 기도는 금요일 저녁에 찬양과 말씀, 교회와 열방을 위해 기도하는 시간이다.

우리는 하나님의 음성을 듣고 기도하는 것이 중요하다는 것을 알지만 가만히 앉아서 하나님 음성을 무조건 기다리지는 않는다. 우리가 가지고 있는 기도 제목 중 하나님이 원하시는 기도 제목이 무엇일지 찾으며 기도하려고 한다. 중보기도자는 눈과 귀를 날카롭고 예민하게 해서 무엇을 위해 기도해야 할지 찾아야 한다. 하나님의 눈으로 기도할 제목을 찾아야 한다. 우리 팀은 기도할 제목이 너무 많이 있기에 더 민감하려고 노력한다.

주어진 중보기도는 정말 중요하다. 우리의 중보기도 특공대들은 이 단계를 넘기 위해 더욱 열심히 기도한다. 주어진 중보기도 제목의 이면에 있는 영적인 세계를 읽으려 노력한다. 하나님의 마음을 읽고 영적으로 묶여있는 영혼들을 주 예수의 이름으로 풀고, 사탄의 세력들을 주 예수의 이름으로 묶는 기도를 한다. 하나님의 응답을 앞당기기 위해 기도한다.

이렇게 우리는 파수꾼의 역할을 감당하고 있다. 우리는 성벽 위에서 멀리 바라보고 하나님께 보고하는 파수꾼이다. 그러니 CEO 하나님의 결재를 기다리며 본 것과 들은 것을 하나님께 아된다. 그리고 그분이 명령하시면 그것을 또한 이행한다. 우리는 파수꾼이다.

일하시는 하나님

예루살렘이여 내가 너의 성벽 위에 파수꾼을 세우고 그들로 하여금 주야로 계속 잠잠하지 않게 하였느니라 너희 여호와로 기억하시게 하는 자들아 너희는 쉬지 말며 또 여호와께서 예루살렘을 세워 세상에서 찬송을 받게 하시기까지 그로 쉬지 못하시게 하라 여호와께서 그 오른손, 그 능력의 팔로 맹세하시되 내가 다시는 네 곡식을 네 원수들에게 양식으로 주지 아니하겠고 네가 수고하여 얻은 포도주를 이방인이 마시지 못하게 할 것인즉

이사야 62장 6-8절 말씀은 정말 흥미로운 말씀이다. "그로 쉬지 못하게 하라"라는 말에서 '그'는 하나님을 가리킨다. 이 말씀은 마치 하나님이 우리와 같은 직장인처럼 업무량이 많아 쉬지 못하는 것처럼 묘사하고 있다. 하나님께서는 우리를 위해 일하시며 쉬지 않는 분이시다. 예수님께서도 하나님께서 일하신다고 표현하셨다.

예수께서 그들에게 이르시되 내 아버지께서 이제까지 일하시니 나

도 일한다 하시매 (요 5:17)

하나님의 구원사역에 우리가 중보기도자가 되어야 한다. 하나님을 모르는 사람들을 위해 기도하고 복음을 전하는 일을 해야 한다. 그러면 하나님께서 신실하게 역사하셔서 많은 사람을 구원하시겠다고 하신다. 구원받은 사람들이 하나님을 찬양할 때 하나님께서 그 찬양을 받으실 것이다.

나는 시온의 의가 빛 같이, 예루살렘의 구원이 횃불 같이 나타나도록 시온을 위하여 잠잠하지 아니하며 예루살렘을 위하여 쉬지 아니할 것인즉 (사 62:1)

하나님께서 이스라엘을 구원하기 위하여 스스로 쉬지 않겠다고 하신다. 얼마나 귀한 말씀인가. 이렇듯 하나님은 우리를 동역자로, 파수꾼으로 부르셨다. 우리는 중보기도자가 되어 하나님을 쉬지 못하게 해야 한다. 그런데 그런 사람 찾다가 못 찾으시면 하나님은 실망하신다.

사람이 없음을 보시며 중재자가 없음을 이상히 여기셨으므로 자기 팔로 스스로 구원을 베푸시며 자기의 공의를 스스로 의지하사 (사 59:16)

하나님은 그리스도인이 중재자와 중보기도자의 역할을 감당하는 것을 아주 당연하게 생각하신다. 오히려 기도하기를 쉬는 것을 이상히 여기신다. 가정을 위해 교회를 위해, 나라를 위해, 어려움을 당하는 이들을 위해 기도하는 것은 당연하다. 하나님의 뜻이 이 땅 위에 실현되고, 하나님의 사람들이 곳곳에서 일어나며, 부흥의 역사가 다시 일어나는 힘. 그것은 다른 데 있지 않다. 바로 중보기도에 있다.

기도의 수레바퀴

몽골 '알퉁볼락Altanbulag'에 교회를 개척했을 때의 일이다. 그 당시 알퉁볼락은 외국인이 자유롭게 드나들 수 없는 곳이었다. 우리 팀은 그 지역을 많이 드나들었음에도 몽골인과 한국인의 생김새가 비슷해서 국경수비대의 제지를 받지 않았다. 그런 법규가 있다는 사실도 전혀 알지 못할 정도였다. 다행히 별 탈 없이 교회를 개척할 수 있었다.

수개월이 지나 한국의 목회자 제자훈련팀이 그곳으로 전도여행을 오게 됐다. 전도여행팀에게 국경선에 가면 함부로 행동해선 안 되고, 철조망을 잡거나 함부로 사진을 찍어서는 안 된다고 오리엔테이션을 했다. 그 후 영적 선포를 할 요량으로 한국 팀과 함께 알퉁볼락 교회를 방문했고, 국경선에 있는 철조망에서 중보기도를 했다. 러시아와 맞닿은 지역이므로 몽골에 있는 선한 것이 러시아로 흘러갈 수 있기를, 러시아에서 악한 문물들이 들어오지 않기를 바라며 기도했다. 그러던 중 한 분이 철조망 안에서 사진을 찍었다. 순간 사이렌 소리가 들리기 시작하더니 몽골 국경수비대가 와서 우리 모두를 잡아 사무실로 압송해갔다.

나는 팀 대표로 국경수비대 간부실에 들어가 엄한 훈계를 받고 1인당 20만 원 상당의 벌금을 고지 받았다. 20여 명이 갔으니 400만 원 정도의 벌금을 내야 했다. 바로 직전 주에 미국인들은 미화 2천 불을 냈다고 했다. 나는 국경수비대 고위 담당자와 오랫동안 이야기했고, 20만 원 정도의 벌금만 물었다.

"앞으로 이 마을에 들어오지 마시오. 차량도 안 됩니다."

간부는 이렇게 말하면서 우리를 훈방조치 시켰다. 우리는 알퉁볼락에 대한 비전을 잠시 접고 하나님의 뜻을 구하는 데 힘쓰며 기다렸다.

얼마 후 좋은 소식이 왔다. 울란바토르의 연합 신학교 자매 신학생이 이 사건을 듣고는 자기가 도움이 되고 싶다며 알퉁볼락까지 나와 동행을 해주겠다는 것 아닌가? 떠나기에 앞서 교회를 개척하는데 어려움이 없도록 국경수비대 간부를 변화시켜달라고 사역 동료들에게 중보기도 요청을 했다. 내 부탁을 듣고 주변 사역자들과 가족들은 열심히 기도해주었다. 그들은 누구보다 중보기도의 힘을 알고 있던 이들이다.

그렇게 기도로 무장을 한 후 또다시 국경수비대 사무실에 들어갔다. 나는 안쪽 코너 의자에 앉아 있었고, 울란바토르에서 온

신학생은 국경수비대 간부와 마주하고 앉았다. 가장 시급히 해결돼야 할 문제는 알퉁볼락 군에 차량이 무사히 통과할 수 있는 서류 발급 건이었다. 간부가 먼저 입을 떼었고, 그 사항에 대한 논의가 시작되었구나 싶었다. 그런데 간부와 자매 신학생의 대화가 사뭇 이상했다.

"그래, 나와 헤어져서 사니까 행복해?"

"하나님을 믿게 돼서 내 삶이 달라졌어."

알고 보니 그 둘은 헤어진 연인이었다. 그녀는 성경을 책상 위에 올리더니 그에게 건넸다.

"나는 신앙심이 생겼어. 오빠도 이거 읽고 예수님을 알게 됐으면 좋겠다."

"아니, 난 관심 없어. 나는 네가 어떻게 지내는지가 더 궁금해."

그는 확실히 성경에 관심이 없어 보였다. 그저 그녀의 안부를 묻고 서로 사랑했던 시간들을 떠올리기에 바빴다. 나는 코너에 앉아서 무엇을 놓고 기도해야 할지 몰라 고민했다.

'하나님, 국경수비대 간부가 예수님을 믿게 해주세요.'

'하나님, 저와 차가 무사히 통과할 수 있는 통행증이 어서 발급되게 해주세요.'

고민 끝에 이 두 가지 기도 제목을 놓고 기도했다. 먼저는 그가 성경을 받아서 읽게 해달라고 기도했고, 다음은 통행증 발급을 위해서도 기도했다. 감사하게도 그는 성경을 받아 서랍에 넣으며 읽겠다고 말하고는 나를 쳐다봤다.

"저 외국 사람은 뭐야? 지난번에 벌금 내고 간 사람인데…."

"알퉁볼락에 교회가 있는데 저 선교사님이 개척을 했어. 그때는 몽골 법을 몰라서 벌금을 냈던 거야. 그런데 그 동네에 교회가 있어서 매주 와야 하거든. 통행증을 만들어줘."

"그런 통행증은 없어."

"그럼 오빠가 만들어."

"그런 법이 없는데 무슨 수로?"

"오빠가 담당자니까 결정하면 되잖아. 모든 경찰들이 알아볼 수 있도록 박 선교사와 차량은 통과해도 된다는 증서 말이야."

그날 이후 차량통과법이 만들어졌다. 덕분에 우리는 그 지역에서 아주 자유롭게 다닐 수 있게 되었다. 문제가 말끔히 해결된 것이다. 겉으로 보기엔 두 사람의 사랑으로 이뤄진 일처럼 보였지만 하나님께서 하신 일이었다. 우리 사역을 위해 중보기도하는 그 자매를 통해 하나님께서 그 일을 이루신 것이다. 하나님의 일은 이렇게 예상을 넘어 이루어진다.

이 일로 알퉁볼락 교회는 성장했다. 1년 후에는 서울의 한 교회 청년부가 전도여행을 와서 국경수비대 본부의 군인들을 모아놓고, 한국 문화공연과 복음을 전하는 시간을 갖기도 했다. 얼마나 감격스러웠는지 모른다. 이렇듯 청춘 남녀의 옛사랑을 통해서도 하나님의 아름다운 복음 전파는 이뤄진다. 국경수비대 간부가 예수님을 영접했는지는 모르지만 우리가 군인들에게 복음을 전하는 것을 허락했고 그는 아주 관대한 사람으로 변화되었다. 그날 많은 군인이 예수님을 구주로 영접했다. 할렐루야! 한 사람의 변화로 말미암아 군인들이 복음을 듣게 되었으니 성령 하나님의 놀라운 축복이 아니겠는가.

한 번의 복음사역을 위해서도 눈에 보이지 않는 많은 사건이 일어난다. 크고 작은 시험과 축복, 낙심과 기쁨은 우리를 혼란스럽게도 하지만, 이것은 하늘나라 수레바퀴가 바쁘게 돌아가고 있다는 증거이기도 하다. 하나님이 주관하시는 하늘나라 수레바퀴는 저절로 돌아가지 않는다. 수레바퀴의 동력은 우리의 중보기도이다. 실패와 연약함 또한 바퀴의 절묘한 맞물림에 따라 역사로 거듭난다. 하나님은 우리에게 흔들리지 않는 반석 위의 중보기도를 요구하신다. 이것이 우리의 능력이고, 쓰러져도 다시 일어서는 비결이다. 죽어가는 영혼을 구하기 위해서 중보기도자가 서야 할 자리는 당신이 있는 그곳이다. 바로 그곳이 우리의 기도 현장이다.

신발 속 돌멩이

작은 돌멩이 하나라도 신발 속에 들어가면 많은 것이 불편해진다. 일단 걷기가 불편하고, 간지러워서 빨리 빼고 싶어진다. 관계에서도 마찬가지다. 누군가와 어려움이 있을 때 그 관계의 어려움을 해결하지 못하면, 무언가를 할 때에도 계속 아프고 불편해 제대로 걸을 수가 없다.

안식년에 호주에서 가정 치료학교Family Therapy School를 했다. 그 당시 우리 가정이 한 가정으로부터 많은 어려움을 당했고, 우리 가족은 미워하는 마음에 묶여 자유롭지 못한 삶을 살고 있었다. 그러던 중 가정 치료학교의 리더와 만나며 나의 마음을 나누게 되었고, 그에게 멘토링을 받게 되었다. 그는 나에게 A4용지를 한 장 꺼내 주며 내가 그동안 우리 가족을 위해 기도하고 있는 내용을 열 가지 이상 적으라고 했다. 나는 늘 하던 기도 제목이라 주저 없이 써 내려갔다. 도대체 이것을 가지고 무엇을 하려는가 하는 의아한 생각도 들었지만 이내 열 가지를 채웠다. 고개를 들어 그를 바라봤을 때 그가 이렇게 말했다.

"해영아, 이 기도 제목 그대로 매일 아침마다 축복하며 기도하면 좋겠어. 대신 너희 가정을 위해서가 아니라 네가 미워하는 그 가정을 위해 기도해."

나는 쉽지 않을 것이라는 말을 덧붙이긴 했지만 솔직히 자신 있었다. 선교사역에 있어 기도는 필수라 나름 습관이 되었기 때문이다. 그 가족을 직접 만나는 것도 아니고, 기도하는 정도는 괜찮다고 생각했다. 그렇게 한 주 동안 시간을 정해 기도하기로 마음먹었다.

그 다음날, 여느 때와 다름없이 아침에 일찍 일어나서 하나님 앞에 무릎 꿇고 기도하기 시작했다. 우리 가족을 위한 기도가 끝나고, 나는 30여 분 동안 우리를 미워하고 힘들게 한 가족을 위해 축복하고 기도하기로 했다. 그런데 당황스러운 일이 벌어졌다. 분명 쉬울 거라 생각했다. 아무것도 아닐 줄 알았다. 그런데 입이 떨어지지 않았다. 우리 가족을 너무 힘들게 했던 그들을 떠올리니 저주의 말밖에 생각나지 않았다. 그런데 그들을 위해 우리 가족에게 하듯 축복해야 하다니….

하지만 시간이 지나면서 서서히 그 가족을 축복하기 시작했다. 물론 그들의 얼굴을 떠올릴 때마다 신발 속에 돌멩이가 굴러다니며 발바닥을 찌르는 기분이 들었지만 멈추지 않았다. 불쾌한 감정이 계속 올라와 형식적인 기도 밖에 할 수 없는 날도 있었다.

그렇게 하루가 지나가고 이틀이 지났다. 한 주쯤 지났을까. 마음이 편안해지면서 기도 시간이 간절해지기 시작했다. 더는 그 문제로 불편하고 싶지 않았다. 돌멩이를 빼내면 될 일이라는 생각이 들었다. 축복의 기도 리스트에서 그들의 이름을 제거하는 것이 아니라, 내 마음에서 그들을 향한 불쾌한 감정을 빼버리면 되는 것이었다. 저주하고 싶은 마음이 축복하고 싶은 마음으로 변해갈 수 있게 말이다.

중보기도를 통해 나는 마음의 자유를 얻었다. 그분들을 용서하고 축복하니 우리가 오히려 자유하게 되었다. 그 가정과 함께 사역하기는 여전히 쉽지 않지만 아브라함에게 주신 축복이 나에게도 동일하게 임하였다는 것을 깨달았다. 하나님께서 마음껏 우리 가정과 자녀, 사역에 축복을 주시고, 우리와 함께 하는 주변 사람들이 복을 받고 있다는 사실도 발견하게 하셨다.

축복하며 중보할 때마다 아브라함을 떠올린다. 하나님께서 아브라함에게 복의 근원의 권세를 주시며, 어딜 가든 축복을 받을 수 있게 해주셨다. 아브라함이 받은 축복을 기억하는가. 그에게 하나님이 주신 축복이 얼마나 컸는가. 우리도 아브라함과 같은 축복의 사람이 되어야 한다. 그럴 때 축복한 나에게도, 내가 축복한 그 사람에게도 하나님의 영광이 임할 것이다.

여호와께서 아브람에게 이르시되 너는 너의 고향과 친척과 아버지의 집을 떠나 내가 네게 보여 줄 땅으로 가라 내가 너로 큰 민족을 이루고 네게 복을 주어 네 이름을 창대하게 하리니 너는 복이 될지라 너를 축복하는 자에게는 내가 복을 내리고 너를 저주하는 자에게는 내가 저주하리니 땅의 모든 족속이 너로 말미암아 복을 얻을 것이라 하신지라 (창 12:1-3)

다른 민족들이 아브라함을 축복하면 그들이 축복을 받고, 아브라함을 저주하면 그들은 저주를 받았다. 반대로 아브라함이 그들을 축복하면 축복을 받고, 저주하면 저주를 받았다. 원래 복의 근원은 하나님이셨다. 그런데 그 권세를 우상숭배자인 데라의 아들 아브라함에게 위임하신 것이다. 놀라운 사실은 그 아브라함의 권세가 믿음의 후손인 우리에게도 흐르고 있다는 사실이다. 그러니 우리도 다른 이들을 위해 축복하며 중보기도해야 한다.

CEO 하나님

1989년에 스페인 선교사로 갔다가 어려운 상황을 만나 한국으로 복귀하게 된 적이 있다. 여행 일정은 스페인에서 영국 공항을 거쳐 서울에 있는 김포공항으로 가는 것이었다. 비행기표 값이 만만치 않아 고민이었는데 감사하게도 부모님과 부산 장림교회에서 비행기 표를 마련해주셨다.

스페인에서 비행기를 타고 경유지인 영국 런던의 히드로 공항에서 내렸다. 서울행 비행기는 다음날에 있어 영국 공항에서 하룻밤을 보낼 적당한 장소를 찾아야 했다. 스페인 사역에 대한 아쉬움과 여러 가지 어려움으로 인해 몸과 마음이 많이 지친 상태였다. 조용하고 편안한 곳이 절실했다. 대합실에 들어서자마자 하나님의 음성을 듣고자 기도했다.

"하나님, 오늘 하룻밤을 보낼 수 있도록 안전하고도 편한 곳으로 인도해주세요."

그리고 잠시 후에 2층 대합실에 넓고 한적한 공간이 보였다. 그곳에서 그날 밤을 지새워야겠다고 결심하고는 하나님께 감사를 돌렸다.

"하나님, 감사합니다. 저를 위해 이렇게 귀한 자리를 준비해주셨군요."

그런데 점차 대합실에 사람이 몰려들었다. 전 세계에서 내일 새벽 아침 비행기를 타려고 기다리는 사람들과 환승을 위해 대기하는 사람들로 북적였다. 컨디션이 안 좋아서였는지 하룻밤은 너무나 길고 길었다. 하지만 불편할 때마다 하나님이 마련해 주신 자리이니 감사하자고 되뇌며 스스로를 다독였다. 길었던 밤이 지나고 드디어 아침이 되었다. 천근만근이 된 몸을 일으켜 공항 화장실에서 세면을 하고 있는데 한국 사람들이 들어왔다.

"어제 너무 좋았어. 모든 피로가 싹 다 풀리더라고!"

"스카이라운지는 더 환상적이었어. 수영장 하며 샴페인에 야식하며."

"호텔 내부는 어떻고? 5성급 호텔이니까 말할 나위 없지."

"아침 풀코스 뷔페도 괜찮았잖아. 아주 호강했어."

그들의 즐거운 목소리가 화장실을 가득 채웠다. 나는 배부른 소리라고 속으로 생각하면서 그중 한 사람에게 환승 게이트의 위치를 물었다. 그가 비행기표를 보더니 말했다.

"어? 우리 티켓과 같은 거네. 어디 갔다 와요?"

"스페인 마드리드에서요."

"어제 숙소에서 안 잤어요?"

"전 공항 대합실에서 잤는데요."

그들은 자기들끼리 웅성거리더니 이렇게 말했다.

"어제 호텔 직원이 찾던 그 사람 아니야? 한국 사람 찾던데?"

"아저씨, 혹시 성이 박 씨인가요?"

그들의 대화로 상황을 대략 파악한 나는 아무 말도 할 수 없었다. 알고 보니 고향집과 교회에서 보내준 티켓은 비행기표뿐만 아니라 영국 호텔 숙박료까지 미리 지불한 티켓이었다. 한국에서 티켓을 보낼 때 그 부분에 대해 언급하지 않고 티켓만 보내서 내가 알 수 없었던 것이다. 이민국을 통과할 때 도착 신고서에 지낼 숙소 주소와 전화번호를 기입하지 않고 제출하니 몇 가지를 더 질문했던 것 같다. 그때 더 자세히 문의를 했다면 숙소가 포함된 티켓임을 알 수 있었을 텐데, 체크하지 못했던 것이다. 이런 기막힌 일이 어디 있는가.

이 일을 겪으며 깨달은 게 하나 있다. 예수님을 메시아로 믿는 우리 모두는 천국을 소유하고 주님의 때에 천국에 간다. 그러나 이 세상의 삶은 핍절하거나 풍성하거나 두 부류로 나눠지게 된다.

우리는 비행기 안에서 누릴 수 있는 모든 것을 다 누릴 수 있다. 언제든지 스튜어디스가 필요하면 버튼을 눌러서 부를 수도 있고, 언제든 음료수와 물 등을 주문할 수 있다. 그것은 항공료를 이미 다 지불했기 때문이다. 내 티켓처럼 호텔에서 머물면서 호텔의 모든 편리와 식사, 엔터테인먼트까지 즐길 수 있게 모든 가격이 지불된 티켓도 있다.

이런 축복과 특권을 받았는데도 한 번도 사용하지 않고 천국에 가는 사람들이 간혹 있다. 그런 사람은 마치 영국 공항에서 하나님의 음성을 들었노라고 하며 불편하게 하룻밤을 지냈던 나와 비슷하다.

하늘나라 CEO이신 하나님은 우리에게 이미 5성급 호텔 숙박료가 포함된 천국행 티켓을 주셨다. 그분이 우리를 얼마나 아끼시는지 알 수 있겠는가? CEO 하나님은 회사의 기둥인 우리에게 본향 티켓뿐 아니라 이 땅 위의 삶에서도 부족함이 없도록 모든 값을 지불하셨다. 그것을 누리지 못하는 것은 우리의 부족함 때문이다.

이제 세상의 일이 아닌 하나님의 일을 하자. 직업을 갖지 말라는 얘기가 아니다. 모든 일을 함에 하나님의 마음으로, 하나님의 사람답게 일을 하라는 말이다. 우리는 CEO 하나님께 속한 자들이다. 그러니 그분과 함께 달려야 한다. 조직의 최고 권위자 하나님과 이 땅에서 땀 흘리며 열심히 일하며, 더불어 그가 지불한 휴식의 기쁨도 맘껏 누리기 바란다. 그리고 하나님의 자녀답게 그분이 주신 혜택을 풍성히 누리길 바란다.

영접하는 자 곧 그 이름을 믿는 자들에게는 하나님의 자녀가 되는 권세를 주셨으니 이는 혈통으로나 육정으로나 사람의 뜻으로 나지 아니하고 오직 하나님께로부터 난 자들이니라 (요 1:12-13)

중동 어느 나라의 한 형제가 하버드대학 정치외교학과에 입학해 수석으로 졸업을 했다. 졸업하는 날 집으로 돌아가려고 짐을 싸고 있을 때, 룸메이트인 미국 형제가 물었다.

"스티브! 너 이곳 미국에서 정치하지 않을래?"

"아니, 난 고향에 돌아가서 아버지 일을 도와야 해."

"넌 하버드대학에서 수석, 난 차석을 했는데 너희 나라로 돌아가긴 너무 아까워. 앞으로 이 나라에서 상의원, 하의원이 되어 미국뿐 아니라 전 세계를 움직여보자."

중동 형제는 여전히 짐을 싸면서 미국 형제의 말에 전혀 현혹되지 않았다. 질문도 하지 않았다. 자기의 길이 아닌 것에 대해서는 들을 필요가 없다고 여긴 것이다. 미국인 룸메이트는 다시 말을 이어갔다.

"스티브, 아무 말도 없는 거야? 대체 네가 돌아가서 할 일이 얼마나 대단하길래 그러니?"

"난 아버지의 일을 이어가야 해."

"야! 너의 아버지 일이 얼마나 대단하길래 그래? 대체 무슨 일을 하시는 분인데 그러냐? 우리 함께 이곳에서 정치하면 안 되겠니?"

미국인 룸메이트는 도무지 이해할 수 없다는 듯 쏘아붙였다. 짐을 싸던 중동 형제는 하던 일을 멈추고 정중하게 소신을 이야기했다. 그는 뚜렷한 어조로 말을 했다. 4년 동안 한 번도 자기의 신분을 말하지 않았던 그였다.

"우리 아버지의 일은 바로 우리나라를 섬기고 다스리는 일이야. 사실 우리 아버지는 우리나라의 국왕이거든. 나는 우리나라의 왕태자야."

중동 형제 스티브처럼 우리도 하나님의 자녀이다. 예수님을 믿음으로 우리는 이미 하나님의 자녀가 되는 권세를 받았다. 하나님의 자녀가 되면 하나님 앞에서 당당하다. 하나님이 우리의 자랑스러운 아버지가 되시며, 하나님도 우리를 보며 자랑스러워하신다. 우리는 세상의 참 주인이신 하나님을 '아빠' 아버지라 부를 수 있는 특권을 소유한 사람이다.

> 무릇 하나님의 영으로 인도함을 받는 사람은 곧 하나님의 아들이라 너희는 다시 무서워하는 종의 영을 받지 아니하고 양자의 영을 받았으므로 우리가 아빠 아버지라고 부르짖느니라 (롬 8:14-15)

누군가의 자녀가 되었다는 것은 그에게 무엇이든 부탁해도 괜찮다는 말이다. 호텔이 예약되어 있다면 거기에 있는 샤워시설도, 침실도 사용할 수 있는 것처럼 말이다. 자녀의 삶이 그렇다. 부모에게 무엇이라도 부탁하고 바랄 수 있는 위치가 바로 자녀이다.

미국 남부 전쟁 시절, 한 병사의 이야기이다. 그 병사는 전쟁으로 군인이었던 형들을 모두 잃었다. 고향집에는 노부모만 살고 있었기 때문에 그 병사는 링컨 대통령을 만나 상황을 설명하고 특별 제대를 신청하려고 했다. 그러나 백악관에는 아무나 들어갈 수 없었고, 전쟁 중이라 비상사태였다. 그 병사는 여러 차례 백악관 정문에서 퇴짜를 맞아 실망과 좌절에 빠진 모습으로 백악관 코너 구석에 앉아 있었다. 지나가는 초등학생이 물었다.

"아저씨, 여기서 뭐 하세요? 많이 슬퍼 보여요. 무슨 일 있어요?"
"응. 백악관에 가서 링컨 대통령을 만나려고 했는데 거절당

했어."

초등학생은 그 병사의 사정을 듣더니 갑자기 병사의 손을 잡고 일으켰다. 그리고 그를 데리고 백악관 정문을 통과했다. 백악관 정문을 지키던 군인은 물끄러미 바라만 보고 아무런 제재도 하지 않았다. 그렇게 백악관 일층 첫 번째 문을 지났다. 아이는 신이 났다. 병사는 두려운 마음으로 벌벌 떨면서 아이의 손을 잡고 지나갔다. 두 번째 문을 열고 안쪽으로 들어갔는데, 군 장교들을 지났다. 군 장교들은 그 아이와 병사가 지나가는 것을 보더니 미소를 짓고 하던 일들을 진행했다. 이층으로 올라가는 길에는 다른 경호원을 만났다. 그곳도 역시 무사히 통과했다. 그리고 드디어 대통령 직무실의 문 앞에 섰다. 그 아이가 높고 튼튼한 문을 두 손으로 활짝 열었다. 링컨 대통령과 군 참모들이 전쟁과 관련해 긴급회의를 하고 있었다. 조용하고 심각한 회의라 모두들 대통령에게 집중하던 차였다. 그런데 회의실 정문이 열리는 소리에 모두들 문 쪽을 바라보았다. 아이는 해맑은 모습으로 링컨 대통령 쪽으로 뛰어갔다. 군 참모들은 아무도 그 아이가 대통령에게 다가가는 것을 막지 않았다. 오히려 미소로 화답했다. 그 이유는 그 아이가 링컨 대통령의 친아들이었기 때문이다.

"아빠, 저 아저씨가 아빠를 만나려고 왔는데 아무도 들여 보내지 않았대요. 그래서 내가 데리고 왔는데 만나주실 거죠?"

때론 우리의 상황이 이 병사와 같을 수도 있다. 하나님께 나아가고 싶지만 여러 상황에 부딪혀 주저하고 낙심할 때가 있다. 그러나 그때 예수님께서 우리의 손을 잡고 하나님 아버지께로 이끌어가신다. 우리도 하나님 아버지를 만날 수 없는 상황이었는데 예수님 때문에 아버지를 만날 수 있게 된 것이다.

우리는 하나님의 자녀이다. 그러니 하나님을 알지 못하는 사람들의 손을 잡고, 당당하게 대통령 직무실로 걸어가서 대통령인 하나님 아빠에게 소개할 수 있다. 그리고 그분이 누릴 수 있게 허락하신 많은 것을 누릴 수 있다.

그러므로 우리는 긍휼하심을 받고 때를 따라 돕는 은혜를 얻기 위하여 은혜의 보좌 앞에 담대히 나아갈 것이니라 (히 4:16)

우리의 아버지 되시고, 천국행 티켓을 주시고, CEO로서 우리에게 많은 혜택을 주시는 하나님 아버지께 구하자. 그분은 우리에게 무엇이든 주고자 하시는 분이다. 그리고 우리가 중보기도 할 때 그 혜택을 나와 관련된 다른 사람들, 어쩌면 우리가 모르는 사람들에게까지 허락하신다. 우리는 하나님의 자녀로 세상 속에서 축복의 통로가 되는 삶을 살아야 한다. 그것이 우리에게 주어진 사명이자 자녀 된 본분이다.

보이지 않는 전쟁

선교지에서는 머리로 이해할 수 없는 일들이 많이 일어난다. 우리가 하나님 나라를 전파할 때 보이지 않는 대적 또한 전쟁을 준비하기 때문이다. 그래서 우리는 영적 무기인 예수 그리스도의 이름을 단단히 붙잡아야 한다. 느헤미야 시대 때 하나님을 신뢰하며 칼과 창과 방패를 준비했다면, 지금 우리는 예수 그리스도의 권세 있는 이름을 준비해야 한다. 예수 그리스도의 이름을 향해 달려야 한다.

영적 전쟁에도 능해야 한다. 영적 전쟁 가운데 들어가기 위해 하나님의 전신 갑주를 입어야 한다. 영적 전쟁에 들어가는 것은 중보기도자의 특권이다. 하나님의 능력과 기이한 것들을 볼 수 있는 기회이기 때문이다. 우리의 싸움은 보이는 세계가 아니라 보이지 않는 세계에 대한 싸움이다. 성을 쌓으며, 성 무너진 데를 막아서는 사람, 하나님을 쉬지 못하게 하는 사람은 기도와 함께 영적 전쟁을 선포해야 한다.

느헤미야 시대 때 예루살렘 성이 무너진 채로 남아 있었다. 그는 제일 먼저 눈물의 금식 기도를 선포했고, 이스라엘의 죄를 자기의 죄로 고백했다. 그때부터 하나님은 쉬지 않고 일하셨다. 느헤미야는 하나님을 쉬지 못하게 하기 위해서 성 무너진 곳에 있었다. 아닥사스다 왕이 그를 도와 모든 총독에게 조서를 내려 예루살렘으로 가는 길을 무사통과하게 했다. 예루살렘 성을 재건하기 위해 필요한 모든 물자를 조달 받기로 약속을 받고, 군대장

관과 마병까지 함께 갔다. 그런데 예루살렘 성에 도착하기 전에 느헤미야가 성을 쌓는데 방해하는 사람이 있었다. 바로 호른 사람 산발랏과 종이었던 암몬 사람 도비야였다.

>호론 사람 산발랏과 종이었던 암몬 사람 도비야가 이스라엘 자손을 흥왕하게 하려는 사람이 왔다 함을 듣고 심히 근심하더라(느 2:10)

그러나 느헤미야는 전혀 마음에 요동이 없었다. 하나님께서 말씀하신 대로 그는 밤에 성벽과 주변을 살폈다. 아무에게도 말하지 않고 나중에 모든 방백들이 다 모였을 때 "예루살렘이 황폐하고 성문이 불탔으니 예루살렘 성을 건축하여 다시는 수치를 당하지 말자"라며 성을 쌓기 시작했다. 느헤미야는 적군들이 공격할 줄 알고 미리 방비했다. 성을 쌓으면서도 완전무장을 하고 전쟁에 대비했다. 영적 전쟁을 선포한 것이다. 그리고 모든 것을 하나님께 맡겼다.

>우리 하나님이 우리를 위하여 싸우시리라 하였느니라(느 4:20)

하나님께서 쉬지 않고 느헤미야를 위해 일하신 이유는 바로 여기에 있다. 예루살렘 성이 무너졌고, 성문이 불탔다는 소식을 들었을 때 느헤미야는 신하들과 전략회의를 하지 않았다. 아닥사스다 왕을 찾아가지도 않았다. 그는 이 말을 듣자마자 울고 수

일 동안 슬퍼하며 하늘의 하나님 앞에 금식하며 중보기도했다. 그러니 하나님께서 쉬실 수 없었다. 그가 나라를 위해 중보기도했을 때 하나님이 일하신 것이다.

강원도 S지역과 D지역에 전도여행을 간 적이 있다. D지역은 바다를 섬기는 샤머니즘 신앙을 가지고 있기 때문에 영적 전쟁이 치열한 곳이다. 이런 곳은 주님의 특별한 관리와 전문적인 손길이 임하길 간절히 기도하며 행동해야 한다. 때로는 사람 눈을 의식하지 않고 과감하게 결단해야 하는 순간도 있으므로 영적으로 깨어 있어야 한다.

D지역에 사역팀을 태운 버스가 도착하자마자 시외버스정류장에 내려 찬양을 선포했다. '예수 우리 왕이여'라는 찬양을 하며 예수님께서 그 땅의 왕이신 것을 선포했다. 많은 사람이 오가는 정류장에 찬송이 울려 퍼졌다. 전도사역은 우리의 생각이 아닌 성령님의 인도하심을 따라 이뤄진다. 특히 D지역은 가는 곳마다 문전박대에 물벼락과 소금 벼락이 기다리고 있는 만만치 않은 동네이다. 복음을 전할 마을에 들어서며 우리는 마음을 다잡았다. 성령의 인도하심을 따라 굳건히 예수를 우리 왕으로 선포했다. 한 영혼에게 복음을 전하고, 그 영혼이 구원받는 일은 매 순간 치열한 싸움이 벌어지는 전쟁과 같다. 때문에 항상 긴장의 끈을 잡고 있어야 한다.

D지역에서 전도를 마치고 S지역으로 이동했다. 2, 3일 동안 그 땅을 묶고 있는 악한 권세를 예수 이름으로 대적하며 그곳에

서 전개할 전도 활동에 대해 나눴다. 3일간 한마을을 다니며 그 땅과 마을을 위해 중보기도하고, 영적 전쟁을 선포하는 기도를 드렸다. 우리는 그 동네에서 가장 오래되고 영향력 있는 성황당을 찾아갔다. 건축물은 크기가 대단했고, 정문은 큰 자물쇠로 잠가 놓아 접근할 수 없었다. 우리는 그날의 묵상 말씀인 여호수아를 떠올렸다. 우리 팀은 한마음으로 단단히 잠긴 자물쇠 앞에서 여호수아가 여리고성을 돌 듯 성황당을 중심으로 일곱 바퀴를 돌기 시작했다. 그리고 온 힘을 다해 소리쳤다.

여호와께서 여호수아에게 이르시되 보라 내가 여리고와 그 왕과 용사들을 네 손에 넘겨 주었으니 너희 모든 군사는 그 성을 둘러 성 주위를 매일 한 번씩 돌되 엿새 동안을 그리하라 제사장 일곱은 일곱 양각 나팔을 잡고 언약궤 앞에서 나아갈 것이요 일곱째 날에는 그 성을 일곱 번 돌며 그 제사장들은 나팔을 불 것이며 제사장들이 양각 나팔을 길게 불어 그 나팔 소리가 너희에게 들릴 때에는 백성은 다 큰 소리로 외쳐 부를 것이라 그리하면 그 성벽이 무너져 내리리니 백성은 각기 앞으로 올라갈지니라 하시매 (수 6:2-5)

어떤 일이 벌어졌는지 아는가? 말씀대로 했을 뿐인 소리를 지르고 나니 자물쇠가 열려있었다. 할렐루야!

성황당 문을 열고 안으로 들어가자마자 사천왕이 보였다. 왼쪽에는 지국천왕과 광목천왕이, 오른쪽엔 증장천왕과 다문천왕이 성황당의 지킴이로 서있었다. 내부에는 향을 피운 흔적이 많았고, 향과 초 냄새로 샤머니즘 분위기가 압도적이었다. 벽에는 성황당을 건축할 때 시주한 사람들의 명단이 올라가 있었다. 우리 팀원 중 한 사람에게 명단의 이름을 다 기록하라고 하고는 다른 사람들은 그들 이름 위에 손을 얹고 영적 전쟁을 선포했다. 마을 사람들을 주 예수 이름으로 해방하는 작업을 하고, 동시에 사탄의 세력들을 주 예수 이름으로 묶었다.

3일 후에 우리는 집집마다 방문해서 복음을 전했다. 전도 활동은 성공적이었다. D지역과 다르게 S지역에서는 방문한 집마다 주인이 우리들을 환영하고 집안으로 들어오라고 하며 시원한 음료도 줬다. 그들은 복음을 진지하게 받아들였다. 영접 기도를 한 사람도 있었다. 이 과정은 모두 물 흐르듯 자연스럽게 일어났다. 한 주간 복음을 전한 후 숙소 교회에서 전도축제의 시간을 가졌다. 복음을 들은 주민들과 주변 마을의 관심 있는 사람들이 모여들었다. 예배당이 꽉 차서 스피커를 밖에 두고, 야외에서도 들을 수 있게 했다. 마을 전체에 예배 소리가 울려 퍼졌다. 그렇게 우리는 마을의 모든 주민들에게 복음을 전할 수 있었다.

예수 그리스도의 이름을 선포하며 중보기도할 때 영적 전쟁에서 승리할 수 있다. 혹시 우리 삶 가운데 기도해야 할 곳이 있다면 지금 당장 중보하자. 그곳에 하나님이 임하셔서 모든 악을 제하시고, 그 땅을 하나님의 나라로 만드실 것이다.

물댄 동산

성령을 만나는 세미나The Holy Spirit Encounter에서 있었던 일이다. S집사 부부는 결혼하고 수년 동안 아기가 없었다. 아이를 가지고 싶은 간절한 소망이 생겼고, 기도하던 중 성령을 만나는 세미나에 대한 소식을 듣고 부부가 함께 참석을 했다. 나는 이 세미나의 성령세례를 위해 기도하고, 성령의 은사를 위해서도 함께 기도하고 있었다.

감사하게도 하나님의 영이 충만히 임하시는 날이었다. 성령께서 내게 아이를 갖지 못해 기다리는 부부들을 위해 기도하라는 마음을 주셨다. 그래서 세미나 중에 아이를 갖기 원하는 부부들은 앞으로 나와 달라고 했다. 그리고 결혼해서 아이를 2명 이상 가진 이들도 앞에 나와서 이 부부들을 위해 기도해달라고 요청했다. 현재 자녀가 있는 자매들이 기도 받는 자매의 배에 손을 얹고 기도하고, 형제들은 형제의 배에 손을 얹고 기도하게 했다. 먼저 이 부부를 긍휼히 여기시는 하나님의 마음을 묵상하며 기도하게 했다. 우리 모두는 뜨겁게 눈물로 기도했다. 기도하는 부부들은 새 생명을 몸에 불어넣는다 생각하며 간절한 마음으로 기도했다.

그날 우리가 드린 기도 위에 성령님이 임하셨다. 우릴 보시며 아주 기뻐하셨다. 얼마 되지 않아 S집사는 임신하게 되었고, 지금은 아주 예쁜 두 딸의 아빠, 엄마가 되었다. 믿음으로 합심하여 기도하면 주님의 역사가 일어난다. 그날 아이를 가진 부모들은 아이가 없는 부부들에게 긍휼한 마음을 가졌을 것이다. 자신들도 자녀로 인해 기쁨을 누리기에, 자녀가 없어 고통받는 이들에게 큰 힘이 되어주고 싶었을 것이다. 이렇듯 마음을 다한 중보기도는 하나님을 쉬지 않게 한다. 하나님이 일하시게 한다.

하나님은 당신의 자녀들이 행복한 삶을 살기 원하신다. 가난하고 소외된 사람들, 복음을 알지 못하는 사람들을 구원하시기를 원하신다. 하나님은 회복이 필요한 곳을 위해 기도하는 한 사람을 찾으신다. 깨어진 관계를, 어그러진 문화를 하나님의 사람을 통해 다시 일으키기 원하신다. 그것이 하나님의 마음이다. 그래서 하나님은 늘 중보기도하는 사람을 찾고 계신다.

여호와가 너를 항상 인도하여 메마른 곳에서도 네 영혼을 만족하게 하며 네 뼈를 견고하게 하리니 너는 물 댄 동산 같겠고 물이 끊어지지 아니하는 샘 같을 것이라 네게서 날 자들이 오래 황폐된 곳들을 다시 세울 것이며 너는 역대의 파괴된 기초를 쌓으리니 너를 일컬어 무너진 데를 보수하는 자라 할 것이며 길을 수축하여 거할 곳이 되게 하는 자라 하리라 (사 58:11-12)

하나님은 자신이 찾던 사람을 발견하면, 그 사람을 '물 댄 동산'이라고 임명하시며 그를 통해 오랫동안 황폐된 곳들을 다시 세울 것이라고 말씀하셨다. 파괴된 기초를 다시 쌓고, 무너진 데를 보수하는 자, 무너진 길을 수축하는 자로 세우시겠다고 약속하신다.

이제 하나님의 관점에서, 하나님의 시선으로 우리의 정체성을 다시 확인해야 한다. 그 정체성을 분명히 안다면 이 세상은 다르게 보일 것이다. 하루하루 살아가는 의미를 발견하게 될 것이며, 모든 일에 하나님의 마음을 담게 될 것이다. 하나님의 형상대로 지음 받은 우리를 통해서 성 무너진 곳이 회복될 것이다. 우리는 이 세상을 다스리며 섬기는 중보기도자가 될 것이다.

> 하나님이 그들에게 복을 주시며 하나님이 그들에게 이르시되 생육하고 번성하여 땅에 충만하라, 땅을 정복하라, 바다의 물고기와 하늘의 새와 땅에 움직이는 모든 생물을 다스리라 하시니라 (창 1:28)

하나님은 우리에게 말할 수 없는 복을 주셨다. 땅에 충만하고, 땅을 정복할 수 있는 권세도 주셨다. 그리고 모든 만물들을 다스릴만한 힘과 능력과 지혜 또한 주셨다. 우리에게 주신 창조의 능력이 그것이다. 이제 하나님의 형상대로 지음 받은 우리가 세상을 이끌어가야 한다. 세상이 나를 이끌며 지배하는 것이 아니라, 하나님의 권세를 가지고 있는 그리스도인들이 세상을 다스리며 정복해야 하는 것이다. 우리의 일터로 가서 하나님의 형상을 나타내어야 하며, 예수 그리스도의 향기를 내는 삶을 살아야 한다. 하나님의 형상을 따라 지음 받은 사람은 자기가 어떤 신분인지 아는 사람이다. 하나님의 형상으로 지음 받았다는 것은 우리가 그만큼 가치가 있는 존재라는 의미이다.

하늘의 가치는 값으로 구할 수 없다. 외모로 판단할 수 없다. 하나님은 우리 모습 그대로를 존귀하게 여기신다. 하나님이 우리를 그렇게 바라보시므로, 우리도 세상을 향해 나아갈 수 있는 중보자가 될 수 있다.

> 이제 여호와께서 말씀하시나니 그는 태에서부터 나를 그의 종으로 지으신 이시요 야곱을 그에게로 돌아오게 하시는 이시니 이스라엘이 그에게로 모이는도다 그러므로(사 49:5)

하나님의 형상으로 지음 받은 우리가 세상에 영향력을 줘야 한다. 길이 없는 곳에 길을 창조하고, 빛이 없는 곳을 환하게 밝혀야 한다. 우리에겐 하나님이 주신 능력이 있다. 하나님이 우리에게 보여주셨다. 우리가 어떤 길로 가야 할지, 미래에 무엇을 할지 이미 알려주셨다. 그리고 귀하게 여기시는 중보기도자에게 그 일을 허락하신다. 그 주인공이 바로 우리, 그 중에도 바로 당신이다.

일터에서 기도하라

문화, 정치, 경제 등 사회 여러 분야에서 그리스도인들은 열심히 각자의 일을 해나가고 있다. 우리의 사회적인 직위와 업무도 중요하지만, 그것을 뛰어넘는 것이 그리스도인이라는 정체성이다. 예수님은 본인의 정체성을 분명히 아셨다. 그래서 어떠한 어려움이나 환경이 그를 넘어뜨리지 못했다. 그분은 정치·경제적으로 어려운 시기에 사시면서도 한 번도 낙담하거나 뒤로 물러서는 일이 없었다. 예수님은 배경으로도 내세울 만한 것이 전혀 없었다. 그럼에도 열등감에 빠지거나 불안해하지 않으셨다. 예수님은 자신의 안정감을 하늘에 두셨기에 자기 자신이 누구인 줄 알았다.

요셉도 자기가 누구인지 잘 알았던 하나님의 사람이었다. 그는 17세에 꿈을 꾼 이후로 하나님께서 주시는 꿈을 따라간 사람이다. 꿈을 따라가다가 가족으로부터 버림을 받았다. 노예로 팔려갔고, 감옥에도 들어갔다. 오해가 오해를 낳아 죽음의 길 가운데도 가게 되었다. 그러나 요셉은 자신이 누구인지 분명히 알았다. 자기가 그곳에서 허무하게 죽지 않고, 하나님의 축복의 통로가 될 줄을 분명히 알았기 때문에 희망을 버리지 않았다.

우리는 우리가 누구인지 정확히 알고 있는가. 예수님처럼, 요셉처럼 우리가 하나님의 자녀임을, 하나님의 사람임을 알고 있는가. 어떤 어려움과 고난에도 넘어지지 않을 만큼 강한 힘은 우리 스스로가 누구인지 아는 데서 나온다. 그러므로 우리는 우리의 정체성을 바로 알아야 한다. 그래야 성 무너진 데를 막아서는 힘 있는 사람이 될 수 있다. 중보기도 속에 있는 영적 전쟁도 멋지게 치를 수 있다. 우리는 세상이 이길 수 없는 그리스도인이 되어야 한다.

아래 목록은 한 나라를 형성하는데 필요한 8가지 요소이다.

8가지 기도의 영역

1. 정치 | 하나님의 공의

2. 경제 | 하나님의 정직

3. 문화·예술 | 하나님의 거룩

4. 종교 | 하나님의 경건

5. 가정 | 하나님의 사랑

6. 교육 | 하나님의 진리

7. 신문·방송 | 하나님의 신뢰

8. 과학 | 하나님의 임재

세상에 주님이 오셨을 때, 우리가 살고 있는 이 땅은 어떤 곳이었는가? 뿌리가 썩어 있는 문제 덩어리의 땅이었고, 현재도 그렇다. 우리가 사는 이 세상에도 문제 있는 곳이 많다. 그리고 우리는 그 문제 한가운데 서 있다. 그리스도인의 길은 성 무너진 곳, 하나님과 우리 사이의 어려운 부분, 즉 문제 가운데 있다. 성도들은 현장 사역자이다. 위의 8가지 영역에서 열심히 일하면서 그 현장에서 하나님의 영광을 드러내야 한다. 그곳을 자신의 사역지라 여기고 직원·동료들을 위해 중보기도하며 사탄의 세력에 묶여있는 영혼들을 풀어 성전으로 인도해야 한다. 우리는 현장 속에서 복음을 전하는 일이 필요하다.

어떤 문제를 두고 기도한다는 것은 단순히 그곳이 어떠한지 살피러 가는 차원이 아니다. 그 문제를 나의 죄로 여기고, '나를 용서하여 주시옵소서'라고 기도하는 것이다. 예레미야와 느헤미야는 이스라엘의 죄를 자기의 죄로 고백한 선지자 중 대표적인 인물들이다. 사실 이스라엘 문제의 원인은 이스라엘 백성들이었다. 그러나 그 죄가 자신의 죄라고 고백하는 순간, 하나님의 진노 대신 이스라엘을 향한 하나님의 긍휼이 하늘에서부터 땅으로 쏟아지기 시작했다.

이사야는 버림받은 자들 곁에 섰다. "나는 버림받은 사람이야. 나는 지금 황무지 가운데 서 있는 사람이야. 나는 구제불능이야. 이제 내 인생을 정리해야겠어."라고 자포자기한 사람, 우울증으로 생을 마감하려고 하는 사람들과 하나님 사이에 서서 그들을 위해 기도했다.

다시는 너를 버림 받은 자라 부르지 아니하며 다시는 네 땅을 황무지라 부르지 아니하고 오직 너를 헵시바라 하며 네 땅을 쁄라라 하리니 이는 여호와께서 너를 기뻐하실 것이며 네 땅이 결혼한 것처럼 될 것임이라 마치 청년이 처녀와 결혼함 같이 네 아들들이 너를 취하겠고 신랑이 신부를 기뻐함 같이 네 하나님이 너를 기뻐하시리라

(사 62:4-5)

이사야의 기도로 황무지 땅에 버림받은 사람들이 회복된 것이다. 하나님께서 그들에게 찾아오셔서 '헵시바'라고 부르겠다 하신다. 그들을 보면서 '나의 기쁨이 그에게 있다'라고 말씀하시는 것이다. 하나님은 그 땅을 '쁄라(결혼한 여자)'라고 부르시며 반기신다. 누군가가 그들을 위해 기도할 때, 그들의 삶에 주님의 회복이 임하게 된다.

지금 우리는 어디로 질주하고 있는가? 목적지 없이 앞을 향해 달리고 있는 건 아닌가? 무엇을 위해 살고 있는가? 삶의 목적은 무엇인가? 우리는 모든 영역 속으로 들어가서 하나님의 문화를 재창조해야 한다. 8가지 영역에서 하나님을 알려야 한다. 우리의 힘과 뜻과 생명을 다해서 하나님의 사랑을 전해야 한다. 하나님께서 우리를 사랑하셔서 독생자 예수 그리스도를 이 땅에 보내주신 것처럼 우리도 세상에 나아가서 우리의 몸으로, 우리의 행동과 말로 하나님의 향기를 드러내야 한다. 우리 모두가 하나님의 사랑을 전하는 사랑의 메신저가 되기를 간절히 소망한다. 우리도 우리의 영역 속에서 하나님을 알려야 할 때가 왔다. 우리의 삶을 통해서 하나님의 이름을 알리자. 그분이 어떤 분인지, 먼저 깨달은 우리가 알려야 한다.

드러내시는 성령님

성령의 능력으로 기도하는 사람은 좋은 열매를 맺는다. 성령님께서 역사하시는 곳은 새롭게 된다. 이사야 41장에서 하나님은 "보라 내가 너를 이가 날카로운 새 타작기로 삼으리니 네가 산들을 쳐서 부스러기를 만들 것이며 작은 산들을 겨 같이 만들 것이라"라고 하신다. 이가 날카로운 새 타작 기계는 성령의 능력을 받은 사람을 가리킨다. 묵었던 땅, 사용되지 않은 땅, 우상을 섬겼던 땅을 이가 날카로운 새 타작 기계로 완전히 새 땅으로 만드시겠다는 약속의 말씀이다. 중보기도자는 성령님의 도우심으로 기도해야 한다. 우리는 성령님의 도움 없이 중보기도를 할 수 없다.

오순절 날 임하셨던 성령의 능력은 오늘도 동일하게 임하신다. 예수님이 승천하신 이후에 마가의 다락방에서 오순절 날 성령의 강력한 역사가 일어났다. 120명이 마가의 다락방에 모여서 기도할 때에 하늘로부터 급하고 강한 바람 같은 소리가 그들이 앉은 온 집에 가득했다. 그리고 마치 불의 혀처럼 갈라지는 것들이 그들에게 보여 각 사람 위에 하나씩 임했다. 그리고는 다 성령의 충만함을 받고, 성령이 말하게 하심을 따라 다른 언어들로 말하기를 시작했다. 성령의 능력을 받은 후에 기도의 힘이 더 불붙듯 일어난 것이다.

그들이 사도의 가르침을 받아 서로 교제하고 떡을 떼며 오로지 기

도하기를 힘쓰니라 (행 2:42)

1세기 때는 모이면 성경공부를 하고, 성도의 교제로 떡을 떼며 기도했다. 그랬더니 이적과 기적들이 일어나기 시작했다. 성령의 능력을 받으면 기도하게 된다. 기도하면 기사와 표적이 일어난다. 기도할 때 주께서 구원받는 사람을 날마다 더하게 하신다고 말씀하신다.

사람마다 두려워하는데 사도들로 말미암아 기사와 표적이 많이 나타나니 믿는 사람이 다 함께 있어 모든 물건을 서로 통용하고 또 재산과 소유를 팔아 각 사람의 필요를 따라 나눠 주며 날마다 마음을 같이하여 성전에 모이기를 힘쓰고 집에서 떡을 떼며 기쁨과 순전한 마음으로 음식을 먹고 하나님을 찬미하며 또 온 백성에게 칭송을 받으니 주께서 구원 받는 사람을 날마다 더하게 하시니라
(행 2:43-47)

인천의 한 자매 사역자가 중화요리 집에서 식사를 마치고 계산대 앞에 서자마자 방언이 터졌다. 주위에는 아무도 없었고 주인과 그 자매만 있었다. 이 사역자가 받은 방언은 잘 알려지지 않은 소수 민족 언어 같은 방언이었다. 중화요리집 주인은 한국에서 30여 년 음식점 사업을 해온 화교였다. 그는 한족이 아니라 소수 민족 출신이었다. 그런데 이 사역자의 방언을 30여 분을 들

더니 갑자기 눈물을 흘리며 무릎을 꿇고 영접 기도를 시작하는 것이 아닌가? 이 사역자는 놀라움을 금치 못하며 질문했다.

"아저씨, 어떻게 된 일입니까? 저는 제가 알지 못하는 말로 방언을 했습니다."

"아가씨, 저는 중국 화교지만 한족이 아니라 소수 민족입니다. 아가씨는 내가 30여 년 동안 사용하지 않은 우리 민족의 말을 한 겁니다. 그것도 하나님이 누구신지, 예수님이 누구신지, 내가 죄인이며 예수님을 통해서 구원을 받을 수 있다는 내용을 말입니다. 아가씨 덕분에 영접 기도까지 하게 되었습니다. 정말 감사합니다."

그분은 눈물을 흘리며 감격했다. 이 사역자도 성령님께서 행하신 일에 놀라 하나님께 영광을 돌렸다. 지금도 성령님은 이렇게 우리 가운데 동일하게 역사하시며 그 신비한 능력을 보여주신다. 하나님 일의 중요한 부분을 감추지 않으시고 드러내어 예수님을 알지 못하는 사람들이 회복을 경험하게 한다. 하나님의 응답을 앞당기려면 하나님의 음성을 듣고 중보기도해야 한다.

성령님의 만지심은 언제나 우리의 생각을 뛰어넘는다. 하지만 하나님 앞에서 사람의 생각은 쉬이 무너지지 않는다. 나는 보수적인 교회에서 자랐다. 지금은 많이 변했지만 어릴 때 교회 내에서는 성령님을 인정하는 것이나 성령님의 역사라고 말하는 것에 대해 불편함을 느끼는 분위기가 있었다. 방언을 하거나 하나님의 음성을 듣는다고 하면 바로 이상한 사람이 되어버리기

일쑤였다.

이런 상태로 강원도 홍천에 3주 프로그램 선교훈련을 받으러 갔다. 2주간 강의를 듣고 한 주는 실습인 전도여행이었다. 한 팀당 8명으로 구성되었고, 내가 팀 리더가 되었다. 당시 나는 여전히 하나님의 음성은 성경에만 있다고 믿었다. 초자연적으로 들리는 음성들을 다 가짜라고 생각했지만 학교를 무사히 마치기 위해 하나님의 음성을 듣고 있는 것처럼 거룩한 척하기도 했다. 그러다 난감한 상황에 직면하게 됐다. 하나님의 음성을 듣고 전도여행 장소를 결정하라는 전도학교 교장님의 미션이 떨어진 것이다. 준비물은 성경책과 사회과 부도, 공책, 볼펜이었다. 나는 우리 팀원들을 모아 놓고 말했다.

"오늘은 전도여행을 가야 할 지역을 정하는 날입니다. 하나님의 음성을 듣고 각자가 받은 음성을 나누도록 하겠습니다."

이렇게 인도하면서도 나는 속으론 딴 생각을 했다.

'이것은 미친 짓이야. 복음을 전하러 가는데 아무 데나 가면 되지. 아님 간사들이 정해주던가. 왜 꼭 이렇게 해야 되는지….'

속으론 이렇게 생각하면서도 학교 졸업과 스스로의 이미지 관리를 위해 그리고 무난히 이 과정을 통과하고자 속마음을 숨겼다.

"다 같이 2~3분 정도 하나님의 음성을 듣고 나누겠습니다."

첫 번째 팀원이 말했다.

"저는 기도하는데 하나님께서 기차역 5분 거리에 교회가 있다고 하셨습니다. 그리고 그 교회가 우리를 환영할 것이라고요."

"할렐루야! 하나님은 살아계십니다."

모두들 놀라워했다. 나는 더 크게 반응했다. 하지만 따져보면 전국 대부분 기차역 근처 5분 거리에는 거의 교회가 있다. 그래서 나는 그것이 하나님의 음성이라고 생각하지 않았다. 그래도 팀원들이 보고 있으니 공책에 '5분 거리에 교회, 환영' 이렇게 기록했다.

다음 팀원이 말했다.

"저는 하나님께서 바닷가를 보여주셨습니다."

"할렐루야! 하나님 살아계십니다."

나는 입으로는 하나님을 찬양하면서 속으로는 '저 자매님은 바닷가를 가고 싶구나.'라고 생각했다.

"저는 군대 위병소 같은 곳에서 군인 한 분이 "충성!"이라고 경례를 하는 모습을 봤습니다."

정말 기가 막힐 지경이었다. 이것을 어떻게 해석해야 할지 몰랐다. 한 사람은 바닷가를 보고, 또 다른 사람은 위병소를 봤다. 그리고 다른 한 사람은 하나님으로부터 성경 말씀을 받았다. 그가 받은 말씀은 마태복음 18장에 나온 말씀이었다.

너희 생각에는 어떠하냐 만일 어떤 사람이 양 백 마리가 있는데 그 중의 하나가 길을 잃었으면 그 아흔아홉 마리를 산에 두고 가서 길 잃은 양을 찾지 않겠느냐 진실로 너희에게 이르노니 만일 찾

으면 길을 잃지 아니한 아흔아홉 마리보다 이것을 더 기뻐하리라
(마 18:12-13)

한 형제는 눈을 감자마자 폭포가 보였다고 했다. 그리고 나도 말씀 한 구절이 생각났다.

너는 말씀을 전파하라 때를 얻든지 못 얻든지 항상 힘쓰라 범사에 오래 참음과 가르침으로 경책하며 경계하며 권하라 (딤후 4:2)

사실 하나님의 음성을 들은 것이 아니라고 생각했지만 이렇게 말했다.
"하나님께서 저에게 디모데후서 4장 2절 말씀을 주시면서, 격려해 주셨습니다."
마지막으로 한 팀원이 전도여행 장소에 대해 하나님의 음성을 구체적으로 들었다고 했다. 그가 말한 전도여행 장소는 정동진이었다. 그 당시 정동진은 유명한 동네가 아니었기 때문에 우리 팀원들 중 누구도 정동진이란 이름조차 몰랐다. 하지만 나는 왠지 그런 동네가 있을 것 같았다.
'대한민국의 도시, 군, 읍, 면, 리가 얼마나 많은데 반드시 정동진은 있을 거야.'
팀원들은 하나님께서 말씀하신다는 것에 확신했고, 나는 스스로의 지식에 확신했다. 사회과 부도와 목차를 열어 'ㅈ'부분을

찾아봤다. 정, 정, 정동, 정동진….

"와우! 찾았다!"

우리의 함성소리에 모두가 놀랐다. 나도 당연히 놀라는 척을 해야 했다. 당연히 그들과 놀라는 이유는 달랐지만 말이다.

"할렐루야, 하나님은 살아계십니다!"

출발할 시간이 되었다. 모두 다 버스를 타고, 기차를 타고, 정동진에서 내렸다. 먼저 찬양을 하고 기차역에서 5분 거리에 있는 교회를 찾기 시작했다. 나는 기차역 주변에 반드시 교회가 있다는 것을 확신했다. 그 당시 한국 교회가 4만여 개가 된다는 것을 알았기 때문이다. 슬프게도 나의 지식이 하나님의 음성을 듣는 것을 방해했다.

우리 팀원들은 눈을 크게 뜨고 교회를 찾았다. 왼쪽 코너에 교회가 하나 있었다. 자매님들이 찾았다며 신기해했다. 교회가 보인다는 것에 놀랐다. 나는 예상했기 때문에 별로 놀라지 않았다. 우리는 교회에 가서 노크를 했다.

"안녕하세요? 저희들은 전도를 하러 이곳에 왔습니다. 저희들이 한 주간 이곳에서 지낼 수 있을까요?"

교회 교육관에 들어가니 손님맞이할 준비를 해놓은 듯 긴 테이블에 식사가 이미 준비되어 있었다.

"죄송합니다. 손님이 오시나 봅니다. 다른 곳으로 찾아가 보겠습니다."

"아닙니다. 어서 들어오세요."

얼떨결에 안으로 들어갔다. 그런데 놀라운 일이 벌어졌다.

"사실 어제 꿈에 하나님의 영이 말씀하셨어요. 청년 전도 팀들이 올 것이니 그들을 극진하게 대접하라고 하셨습니다. 그 팀이 바로 이 팀이군요."

"할렐루야! 하나님은 살아계십니다."

나를 비롯한 모두가 이렇게 외쳤다. 그리고 나는 크게 충격을 받았다.

'하나님, 정말 당신이십니까? 어떻게 이렇게 정확하게 들어맞을 수가 있을까요? 진짜 하나님이 하신 건가요? 아니야, 아닐 거야.'

나는 혼잣말로 중얼거렸다. 심장박동 소리가 들릴 것처럼 심장이 요란하게 뛰기 시작했다.

다음날 아침, 목사님은 식사 후에 전도하러 가자고 했고 도착한 곳은 군부대였다. 목사님과 우리 팀이 정문에 들어서자 보초를 서던 군인이 "충성!"하며 목사님께 경례했다. 그 목사님은 군 복음화를 위해 지금까지 노력해왔다고 했다.

순간 재빨리 공책을 꺼냈다. 전도여행 오기 전에 함께 모여서 하나님 음성을 들은 것이 정말인지 확인하기 시작했다. 공책을 보는 순간 우리가 들은 것들이 하나씩 맞추어져가고 있다는 사실을 발견했다. 소름이 돋았다. 나는 하나님께 다시 물었다.

'하나님, 정말 당신이십니까?'

내 심장박동은 여전히 요란했지만, 나는 신앙심 깊은 리더인

척 교양을 떨며 팀을 이끌었다. 군대에서 복음을 전하고 나오는 길에 폭포를 만나게 되었다. 폭포를 보았다는 것도, 바닷가 옆이라는 음성도 모두 일치했다. 우리 팀에게 주신 마태복음 18장과 디모데후서 4장 말씀도 모두 이루어졌다. 우리는 가는 곳마다 주님의 역사하심을 확인했다.

하나님은 물론 우리의 지적 능력을 무시하지 않으신다. 하나님은 우리 힘으로 조사된 내용을 활용하기를 기대하신다. 아닥사스다 왕이 무너진 예루살렘 성을 쌓는데 도와주려고 느헤미야에게 물었을 때, 이미 느헤미야는 성벽과 성문을 어떻게 쌓아야 할지 어떻게 준비해야 할지 다 알고 있었다. 그는 큰 그림을 가지고 있었다. 목적지에 도달하기 위한 세부사항을 알고 있었던 것이다. 바로 사전조사를 했기 때문이다. 그는 예루살렘 성에 도착했을 때 밤에 아무도 몰래 성벽 주변을 조사했다. 그 조사한 내용을 기준으로 성의 재건을 시작하게 되었고, 결국 52일 만에 예루살렘 성을 완성했던 것이다.

성벽 역사가 오십이 일 만인 엘룰월 이십오일에 끝나매 우리의 모든 대적과 주위에 있는 이방 족속들이 이를 듣고 다 두려워하여 크게 낙담하였으니 그들이 우리 하나님께서 이 역사를 이루신 것을 앎이니라 (느 6:15-16)

하지만 하나님은 조사만 하는 것이 아니라 성령의 감동으로 하기 원하신다. 그때 내게도 그것을 원하셨다. 성령의 인도하심으로 하나님이 바라는 기도를 하기 원하신 것이다. 결국 그날 저녁 예배에서 나는 철저히 깨어졌다. 주님 앞에서 오랜 시간 동안 눈물로 회개하는 시간을 가졌다. 이전까지 나는 나의 지적 능력만 의지하며 성령님의 일하심을 무시했다. 그러나 하나님은 매 순간 말씀하시는 분이셨고, 정말로 살아계셨다. 그밤에 나는 그런 하나님을 온전히 인정했다.

그때 만난 목사님은 한 영혼을 주님께로 인도하기 위해 평생 시골에서 헌신한 분이었다. 그분도 하나님의 음성을 들었고, 우리도 하나님의 음성을 들었다. 하나님의 살아계심을 인정한 이들이 하나님의 장소에서 서로 만나게 된 것이다. 나는 이 경험을 통해 하나님의 음성에 전적으로 순종하게 됐다.

언제나 믿음의 시험이 우리 앞에 있다. 하지만 하나님을 믿고 나아갈 때 하나님의 힘으로 모든 걸 뛰어넘을 수 있다. 하나님은 함께 기도하는 자들의 손을 절대 외면하지 않으신다. 불가능할 것 같은 일이 있는가? 도우시는 하나님께 기도하자. 하나님은 기도하는 우리를 도우시고 역사하신다. 간절히 구하는 자에게 직접 자신의 음성을 들려주시는 친밀한 분이 바로 우리 하나님이다. 목적지에 다다를 때까지 그분과 함께 나아가자.

제4부
목적지에 다다를 때까지

전 세계를 오고 가며 선교 사역을 하다 보면 다양한 인종을 만나게 된다. 같은 사람이지만 인종에 따라 사람의 생김새, 언어, 가치관은 모두 다르다. 눈에 드러나는 차이점이야 그곳에서 지내다 보면 곧 적응이 되지만, 문화나 뿌리에서 오는 다름을 접할 때면 문득 내가 낯선 이방인이라는 생각이 스친다. 산 넘고 바다 건너 이름도 생소할 한국 땅에서 찾아 온 낯선 이가 어릴 때부터 그 지역에서 나고 자란 토착민의 생각을 전부 이해하는 건 힘든 일이다. 입장을 바꿔도 마찬가지다. 아무리 나와 친한 몽골 친구들이 한국에 대한 거부감이 없어도 아마 인천 공항에 도착하자마자 날씨 때문에 체온 변화가 오고, 몸에 이상신호가 올 것이다.

하지만 그런 사람들도 하나가 되는 순간이 있다. 알면 알수록 이토록 다른 사람들이 마치 한 뿌리에서 난 형제처럼 느껴질 때가 있다. 바로 예배시간이다. 언어가 다른 예배자들이 실패와 낙심, 어려움을 이겨내고 하나의 믿음을 소망하는 시간. 함께 하나님을 찬양하고, 그 은혜를 노래하며, 새 마음으로 새로운 결심을 하는 시간. 그것이 바로 예배시간이다. 하나님의 임재가 예배드리는 한 영혼 한 영혼을 강력히 연결한다. 우리 모두가 그리스도의 핏줄에서 태어난, 예배자임을 깨닫게 된다.

함께 예배드릴 때 하나님의 임재가 지성소에 가득 찬다. 말로 형용할 수 없는 아름다움과 하나님의 신비가 어우러지는 순간이다. 예배의 자리에 하나님이 임하시면, 회개의 영이 우리의 죄를 고백하게 한다. 그리고 즉시 정결함을 얻는다. 마음속 가장 깊은 곳에 가려진 죄와 어둠이 치유되는 놀라운 변화가 일어난다. 예배의 자리는 바로 그런 기적의 자리이다.

당황하셨습니까?

이스라엘 백성에게 언약궤는 아름다운 성물이다. 하지만 그들이 불순종할 때 언약궤는 채찍으로 사용되었다. 이스라엘은 언약궤를 통해 하나님의 임재를 경험하고 복을 받았지만, 그들이 죄악 가운데 우상을 섬기며 하나님과의 관계를 깨뜨렸을 때 언약궤를 빼앗겼다.

> 백성이 진영으로 돌아오매 이스라엘 장로들이 이르되 여호와께서 어찌하여 우리에게 오늘 블레셋 사람들 앞에 패하게 하셨는고 여호와의 언약궤를 실로에서 우리에게로 가져다가 우리 중에 있게 하여 그것으로 우리를 우리 원수들의 손에서 구원하게 하자 하니
> (삼상 4:3)

언약궤, 법궤라고도 불리는 이 귀한 성물을 블레셋 사람들에게 빼앗긴 것은 이스라엘 백성의 불순종이 가져온 결과였다. 이스라엘 백성들은 그 법궤가 마치 전쟁에서 승리를 가져다주는 요술 방망이라고 생각했다. 그들은 언약궤를 실로에서 이스라

엘 군 진영에 가져다 놓으면 언약궤로 인해 이스라엘이 원수의 손에서 구원받을 수 있을 거라 생각했다. 하지만 하나님의 진노가 임했고, 블레셋 군대에 의해 이스라엘 보병 삼만 명이 죽으며 크게 패하게 되었다. 블레셋으로 간 하나님의 궤는 보내지는 곳마다 저주와 재앙을 불러왔다. 결국 블레셋 사람들은 그 궤를 이스라엘에 돌려보내기로 결정했지만 그 이후에도 많은 사람이 죽게 되었다. 결국 그들은 두려운 마음에 언약궤를 유다 땅이면서도 블레셋 관할 지역에 있는 기럇여아림으로 옮겼다. 그때부터 언약궤는 기럇여아림 사람 아비나답의 집에 이십 년간 있게 된다.

사울 왕에 이어 왕위에 오른 다윗 왕은 오랫동안 외부에 있던 언약궤를 모셔 오려 했다. 통일된 이스라엘 왕으로서 다윗이 무엇보다 제일 먼저 한 것은 언약궤를 되찾아 오는 것이었다. 하나님의 임재 안에 살고자 했기 때문이다. 그는 하나님을 예배하는 데 초점을 두며 언약궤를 이스라엘 신앙의 구심점으로 만들겠다는 생각을 하게 되었다.

다윗은 하나님의 임재를 그리워한 왕이었다. 하나님의 임재가 있는 여호와의 궤를 모시고 싶었다. 그래서 이스라엘 백성 중에서 뽑은 무려 삼만 명의 인원을 데리고 아비나답의 집으로 갔다.

다윗이 이스라엘에서 뽑은 무리 삼만 명을 다시 모으고 다윗이 일어나 자기와 함께 있는 모든 사람과 더불어 바알레유다로 가서 거기서 하나님의 궤를 메어 오려 하니 그 궤는 그룹들 사이에 좌정하신 만군의 여호와의 이름으로 불리는 것이라 _(삼하 6:1-2)

다윗이 이스라엘에서 뽑은 삼만 명은 하나님을 예배하는 자들이었다. 여러 가지 악기와 수금과 비파, 소고와 양금, 제금으로 연주하는 찬양팀뿐 아니라 군대 장관들과 기병들이었다.

다윗의 이런 행동과 결정을 보면서 그가 얼마나 위대한 왕이었는지 다시 한번 감탄할 수밖에 없다. 여호와의 언약궤를 옮기는데 300명이 아닌 3만 명을 동원했다는 것만 봐도 알 수 있다. 여호와의 언약궤를 그만큼 소중하고 귀하게 여기는 왕이자 하나님을 경외하고 하나님께 예배드리는 왕이었기 때문이다.

그런데 이렇게 지극 정성으로 하나님의 궤를 모시고 싶은 열망과 기대감을 무너뜨리며 다윗 왕을 당황시킨^{upset} 사건이 발생했다. 왜 다윗이 당황했을까? 하나님의 궤가 나곤의 타작마당에서 멈추는 것을 봤기 때문이었다.

방향 바꾸기

다윗 왕이 하나님의 궤를 옮기려고 얼마나 오랫동안 기다려왔는가! 얼마나 갖은 정성을 다해 준비했는지 누구나 알 정도였다. 사랑하는 하나님께 잘 보이고 싶은 마음에 하나님의 궤를 예루살렘에 모시려고 얼마나 많은 인력과 재원을 동원했는가! 그런데 그 결과는 뜻밖이었다. 바로 하나님의 궤를 운반하던 아비나답의 아들 웃사가 죽은 것이다. 언약궤를 싣고 잘 오던 소들이 나곤의 타작마당에서 갑자기 뛰자 웃사가 순간적으로 언약궤를 붙들었고, 그는 그곳에서 죽게 되었다. 이를 본 다윗이 얼마나 놀라고 당황했을까?

그들이 하나님의 궤를 새 수레에 싣고 산에 있는 아비나답의 집에서 나오는데 아비나답의 아들 웃사와 아효가 그 새 수레를 모니라 그들이 산에 있는 아비나답의 집에서 하나님의 궤를 싣고 나올 때에 아효는 궤 앞에서 가고 다윗과 이스라엘 온 족속은 잣나무로 만든 여러 가지 악기와 수금과 비파와 소고와 양금과 제금으로 여호와 앞에서 연주하더라 그들이 나곤의 타작 마당에 이르러서는 소들이 뛰므로 웃사가 손을 들어 하나님의 궤를 붙들었더니 여호와 하나님이 웃사가 잘못함으로 말미암아 진노하사 그를 그 곳에서 치시니 그가 거기 하나님의 궤 곁에서 죽으니라 (삼하 6:3-7)

혹시 우리 가운데 하나님과 교회를 온 정성으로 섬기며 열정을 쏟았는데 그 결과로 칭찬은커녕 죽음을 당하는 사람이 있다면 주변 사람들의 마음이 어떨 것 같은가? 그래도 계속 하나님을 섬길 수 있겠는가? 나라면 다윗처럼 화가 날 것 같다. 한편으로는 두렵고 떨려 멀리 도망가고 싶을지도 모른다.

여호와께서 웃사를 치시므로 다윗이 분하여 그 곳을 베레스웃사라 부르니 그 이름이 오늘까지 이르니라 다윗이 그 날에 여호와를 두려워하여 이르되 여호와의 궤가 어찌 내게로 오리요 하고 다윗이 여호와의 궤를 옮겨 다윗 성 자기에게로 메어 가기를 즐겨하지 아니하고 가드 사람 오벧에돔의 집으로 메어 간지라 (삼하 6:8-10)

하나님께서 궤를 멈추게 하시고 웃사를 치신 이유가 있다. 웃사의 죽음과 고통엔 이유가 있었던 것이다. 바로 다윗이 하나님께 불순종하는 죄를 범했기 때문이다. 여호와의 언약궤는 하나님의 법대로 운반해야 했다. 하지만 다윗은 자신의 생각대로 결정하고 판단했다. 다윗은 아비나답의 집에서 법궤를 운반할 때에 새 수레를 만들어 소들이 끌게 했다. 하지만 이것은 하나님의 방법이 아니었다.

그 채를 궤 양쪽 고리에 꿰어 궤를 메게 하였으며 (출 25:14, 37:5)

성물은 만지지 말라 그들이 죽으리라 (민 4:15)

하나님은 두 번이나 궤를 메는 법을 알려주셨고, 성문에 손대지 말라고 하셨다. 다윗은 하나님의 이 명령을 몰랐거나 아니면 무시했을 것이다. 그것은 불순종이었다.

만군의 여호와께서 이같이 말씀하시기를 아말렉이 이스라엘에게 행한 일 곧 애굽에서 나올 때에 길에서 대적한 일로 내가 그들을 벌하노니 지금 가서 아말렉을 쳐서 그들의 모든 소유를 남기지 말고 진멸하되 남녀와 소아와 젖 먹는 아이와 우양과 낙타와 나귀를 죽이라 하셨나이다 하니 (삼상 15:2-3)

사무엘상 15장 말씀을 보면 만군의 여호와께서 아말렉을 쳐서 그들의 모든 소유를 남기지 말고 진멸하되 남녀와 소아, 젖 먹는 아이와 소와 양과 낙타와 나귀를 죽이라 하셨다. 그런데 사울은 자기 생각에 좋은 대로 결정했다. 칼로 모든 백성을 진멸했지만 아말렉 왕 아각은 죽이지 않고 사로잡았으며, 소와 양의 가장 좋은 것 또는 기름진 것과 어린 양과 모든 좋은 것은 남겼다. 즉 명령대로 모든 것을 진멸하지 않고, 가치 없고 하찮은 것만 진멸한 것이다.

사울이 이르되 그것은 무리가 아말렉 사람에게서 끌어 온 것인데 백성이 당신의 하나님 여호와께 제사하려 하여 양들과 소들 중에서 가장 좋은 것을 남김이요 그 외의 것은 우리가 진멸하였나이다 하는지라 (삼상 15:15)

다만 백성이 그 마땅히 멸할 것 중에서 가장 좋은 것으로 길갈에서 당신의 하나님 여호와께 제사하려고 양과 소를 끌어 왔나이다 하는

지라(삼상 15:21)

사울 왕이 악한 생각을 했는가? 15절과 21절을 보면 그는 가장 좋은 것으로 여호와께 제사하려고 양과 소를 끌어왔다고 했다. 좋은 것을 하나님께 바치는 것이 잘못되었는가? 아니다. 중요한 것은 그가 하나님이 말씀하시는 대로 따르지 않았다는 것이다. 그가 하나님의 말씀을 버린 것이다. 하나님은 결국 사울을 왕으로 세운 것을 후회하셨다.

사무엘이 죽는 날까지 사울을 다시 가서 보지 아니하였으니 이는 그가 사울을 위하여 슬퍼함이었고 여호와께서는 사울을 이스라엘 왕으로 삼으신 것을 후회하셨더라(삼상 15:35)

특별한 멈춤

우리는 하나님께서 말씀하신 것에 전적으로 순종해야 한다. 아무리 우리의 생각에 옳은 것이라 하더라도 하나님께서 말씀하신 것이 아니라면 절대 해서는 안 된다. 하나님께서 말씀하시는데 우리의 뜻과 판단에 따라 다르게 행한다면, 하나님께 불순종하는 죄를 범하게 되는 것이다. 하나님은 우리의 순종을 제사보다 더 귀하게 생각하신다.

사무엘이 이르되 여호와께서 번제와 다른 제사를 그의 목소리를 청종하는 것을 좋아하심 같이 좋아하시겠나이까 순종이 제사보다 낫고 듣는 것이 숫양의 기름보다 나으니 (삼상 15:22)

하나님은 우리가 그분의 음성을 듣고 순종하기를 더 기뻐하신다. 하나님은 예배 형식도 중요하게 생각하시지만 마음속 깊은 곳에서 우러나오는 중심의 예배를 더 중요하게 생각하신다. 다윗은 예배를 드리다 당황한(upset) 사건 이후 오랫동안 고민하고 연구했다. 그는 길을 잘못 들어섰다는 것을 알고 빨리 방향을 바꿨다. 이러한 멈춤이 그를 성장하게 했다.

하나님께서 언약궤를 나곤의 타작마당에서 멈추게 한 것은 특별한 이유가 있었다. 우리의 삶 가운데에도 멈춤이 필요할 때가 있다. 중요한 것은 멈춰 서서 무엇을 하는가이다. 다윗은 멈춤의 시간에 가만히 있지 않고, 성경을 연구하기 시작했다. '어떻게 하면 하나님의 궤를 다윗성으로 모셔서 하나님의 임재를 경험할까? 어떻게 하면 하나님과 더 친밀한 관계를 유지할까?' 하고 고민했다. 그는 제사장들과도 상의했다. 다윗은 이스라엘 2대 왕으로서 수치스러웠던 그때를 회복할 기회를 만들기 위해 멈춰 서서 준비했다.

그들에게 이르되 너희는 레위 사람의 지도자이니 너희와 너희 형제는 몸을 성결하게 하고 내가 마련한 곳으로 이스라엘의 하나님 여

호와의 궤를 메어 올리라 (대상 15:12)

다윗 왕은 제일 먼저 궤를 메는 자들을 성결케 했다. 하나님의 궤를 메는 거룩한 일을 행하기 전에 자신들을 거룩하게 함으로써 하나님과의 관계를 우선시했다. 그 후에는 운반하는 방법을 말씀에 나온 그대로 정확하게 행했다.

하나님은 여호와의 궤를 멜 때 채를 양편 고리에 꿰어 어깨에 메고 운반하라고 말씀하셨다. 수레를 만들어 법궤를 운반하는 것이 더 정성스러워 보이지만 그것은 하나님의 말씀을 불순종하는 것이었다. 그로 인해 아비나답의 두 아들이 죽임을 당했고, 언약궤는 오벧에돔의 집으로 옮겨졌다. 그들은 하나님의 지시대로 했다. 장로들이 법궤를 어깨에 메고 올라갔다.

제사장 스바냐와 요사밧과 느다넬과 아미새와 스가랴와 브나야와 엘리에셀은 하나님의 궤 앞에서 나팔을 부는 자요 오벧에돔과 여히야는 궤 앞에서 문을 지키는 자이더라 이에 다윗과 이스라엘 장로들과 천부장들이 가서 여호와의 언약궤를 즐거이 메고 오벧에돔의 집에서 올라왔는데 하나님이 여호와의 언약궤를 멘 레위 사람을 도우셨으므로 무리가 수송아지 일곱 마리와 숫양 일곱 마리로 제사를 드렸더라 (대상 15:24-26)

이날 이후, 다윗은 하나님의 마음을 시원케 하는 왕이 되었다. 다윗은 하나님의 궤를 운반하는 과정을 통해 하나님을 경험했다. 언약궤를 옮기는 일은 일종의 예배였다. 다윗은 이 예배를 통해 하나님을 알아갔고, 하나님이 신령과 진정으로 예배드리는 자를 사랑하신다는 것을 배웠다.

하나님의 말씀에 순종하면 어떤 상황이 벌어져도 당황하지 않는다. 오히려 하나님의 음성을 듣고 하나님의 얼굴을 구하며 감사할 수 있다. 혹시 최근에 우리 삶 가운데 순종하지 않은 부분이 있는가? 그렇다면 당황한 나머지 한동안 침울한 가운데 있게 될지도 모른다. 형통한 삶을 살지 못할 수도 있다. 그러나 만약 길을 잘못 들어섰다면, 돌이켜 하나님의 방향으로 바꾸는 것이 지혜로운 사람이다. 다윗처럼 돌이키라! 빠르면 빠를수록 좋다. 우리 모두가 하나님께 순종함으로 하나님을 기쁘시게 하는 예배자가 되기를 간절히 소망한다.

오벧에돔, 작은 충성

하나님의 궤를 새 수레에 싣고 나오는데 갑자기 소가 나곤의 타작마당에서 뛰었다. 그 바람에 웃사가 손을 들어 하나님의 궤를 붙들었다. 하나님은 이전에 언약궤에 손을 대면 안 된다는 명령을 하셨다. 하나님은 웃사의 잘못을 보시고 진노하셨고, 그를 치셨다. 웃사는 하나님의 궤가 수레에서 미끄러져 떨어지는 것을 그냥 보고 있을 수 없었을 것이다. 그는 선한 의도로 붙잡았으나 하나님은 그를 죽게 하셨다.

  이 일이 있은 후 다윗은 하나님의 궤를 다윗 성으로 메어 가지 않고, 가드 사람 오벧에돔의 집에 맡겼다. 오벧에돔은 당황했을 것이다. 웃사가 그 자리에서 즉사한 것을 오벧에돔은 보았을 것이다. 못 봤다면 소문이라도 들었을 것이다. 하나님의 궤로 말미암아 블레셋이 어떤 일을 당했는지 다 알고 있던 그는 두려웠을 것이다. 어쩌면 절망스럽고 죽을 것 같은 기분을 느꼈을지도 모른다. 하지만 다윗 왕이 하나님의 궤를 강제로 맡기니 어쩔 수 없었다. 그는 하나님의 궤를 보관하기로 했고, 종들도 어쩔 수 없이 그 궤를 메고 보관하는 곳에 집어넣었을 것이다. 기꺼이 행하지는 못했다. 마지못해 했던 일이다. 하지만 거기서도 놀라운 일이 일어나기 시작했다. 하나님께서 그 집에 복을 내려주신 것이다.

  여호와의 궤가 가드 사람 오벧에돔의 집에 석 달을 있었는데 여호와께서 오벧에돔과 그의 온 집에 복을 주시니라 (삼하 6:11)

  오벧에돔은 하나님의 법궤를 모신 3개월 동안 복을 받았다. 그가 마냥 두려워만 하며 거부했다면 이런 큰 복을 얻기 어려웠을 것이다. 이것이 하나님의 일하시는 방법이다. 하나님은 그분의 명령을 마지못해 이행하는 자에게도 복을 주신다. 그런 하나님이신데, 우리가 주님의 일을 기꺼이 감사하며 한다면 얼마나 큰 복을 허락하실까?

오벧에돔이란 말에는 '에돔의 종', '에돔 신의 예배자'라는 의미가 있다. 아마도 그는 예배자라는 이름에 걸맞게 하나님의 궤가 자기 집에 들어왔을 때도 그 궤를 잘 모시지 않았을까. 혹여 그 법궤가 자신이 원하던 것이 아니었을지라도 말이다. 오벧에돔이 작은 일에 충성했을 때, 하나님께서 영광을 받으셨고, 그에게 큰 복을 허락하셨다.

오벧에돔의 가정이 하나님의 궤 때문에 복을 받았다는 소문은 그 마을과 지역뿐 아니라 전국에 퍼져나갔다. 이 일로 오벧에돔과 사람들은 법궤가 두려워할 대상이 아니라 가까이해도 괜찮은 대상임을 알게 되었다.

그 주인이 이르되 잘하였도다 착하고 충성된 종아 네가 적은 일에 충성하였으매 내가 많은 것을 네게 맡기리니 네 주인의 즐거움에 참여할지어다 하고 (마 25:21)

우리에게 맡겨진 모든 일은 귀하다. 작은 일, 마음이 불편한 일이라 할지라도 하나님의 말씀에 순종하고 행동하면 하나님은 프리웨이를 달리게 하신다. 우리가 달릴 때 하나님께서 일하신다. 우리는 그런 하나님을 믿으며 성실하고 충성되게 일해야 한다. 하나님께서는 열심히 충성하고 온 마음으로 섬기는 하나님의 백성들을 사랑하신다. 그리고 그들에게 이렇게 말씀하신다.

"나의 일, 나의 사역을 하는 자들아. 먼저 나를 예배하고 나와 친밀하게 지내자꾸나."

하나님의 사역은 정말 중요하다. 그러나 그보다 앞서 신령과 진정으로 예배하며 하나님과 교제해야 한다. 우리는 하나님의 목적에 의해 지음 받았다. 그 목적에 맞게 하나님은 우리가 하나님을 찬양하기 원하신다. 예배하기 원하신다. 하나님을 예배하며 당신과 사귀기 원하신다. 그것이 하나님이 우릴 지으신 목적이다.

이 백성은 내가 나를 위하여 지었나니 나를 찬송하게 하려 함이니라
(사 43:21)

하나님은 영과 진리로 예배하는 자를 찾으신다. 가식적이고 형식적인 예배가 아니라 온 마음과 정성을 다 드리는 예배를 원하신다. 하나님이 찾으시는 예배자는 하나님의 마음을 시원하게 하는 사람이다. 다윗은 하나님을 경외하는 예배자였다. 예배자 다윗은 하나님을 사랑했기 때문에 늘 하나님의 말씀을 가까이했다. 다윗은 예배를 사랑했고, 예배의 대상을 정확하게 알았다. 그 예배의 대상은 오직 한 분, 살아계신 하나님이셨다.

축복으로 이어지는 순종

우리는 모두 하나님의 축복 안에 있다. 우리 마음속에 하나님의 궤, 즉 하나님의 말씀이 있기 때문이다. 하나님의 언약궤를 맡은 오벧에돔은 원치 않게 법궤를 맡았지만, 그 3개월 동안 그와 온 집이 축복을 받았다. 하나님의 언약궤를 맡은 오벧에돔처럼 우리도 이미 축복의 사람이다.

하나님의 일을 하다 보면 때로 당황스럽고 황당한 일을 맡게 될 때도 있다. 하기 싫은 마음이 들거나 불편한 마음이 들 수도 있지만, 그럼에도 그 일을 했을 때 하나님께서는 우리의 마음과 상관없이 형통한 삶을 허락하신다.

오벧에돔의 신앙과 용기를 보고 하나님은 오벧에돔의 집과 그 모든 소유와 후손에게 축복하셨다. 역대상 26장에는 성전 문지기를 맡은 자들의 명단이 기록되어 있는데, 특히 오벧에돔과 그의 아들들에 대해서 상세하게 기록되어 있는 것을 볼 수 있다. 하나님은 오벧에돔의 후손들이 하나님과 친밀한 사귐을 이어갈 수 있게 하셨다.

작은 일에 충성한 오벧에돔은 하나님께 세 가지 복을 받았다.

첫째, 오벧에돔의 자손들 중에 가문을 다스리는 용맹스러운 지도자가 배출되었다. "그 아들 스마야도 두어 아들을 낳았으니 그들의 조상의 가문을 다스리는 자요 큰 용사라"(대상 26:6) 지도력을 가진 권세자가 오벧에돔의 가문에서 나왔다. 그 권세는 하나님께로부터 임한 것이다. 우리가 스스로 권세를 만들 수는 없다. 하나님께서 주시지 않으면 그 권세는 무용지물이 되고 만다. 하나님이 높이고자 하실 때에만 우리가 높아질 수 있다. 오벧에돔의 자손들은 그 복을 받은 것이다.

둘째, 오벧에돔의 자손들이 다 능력 있고 실력 있는 행정가들이 되었다. "이는 다 오벧에돔의 자손이라 그들과 그의 아들들과 그의 형제들은 다 능력 있어 그 직무를 잘하는 자이니…."(대상 26:8) 여기서 '능력이 있다'는 말은 '재력이 있다', '막강한 군사력을 가지고 있다'라는 뜻이다. 이처럼 오벧에돔은 하나님께로부터 자손의 복을 받았을 뿐 아니라 집안이 두루 형통하고 번성하는 복을 받은 사람이었다.

셋째, 오벧에돔의 자녀들이 번성하는 복을 받았다. "오벧에돔에게서 난 자가 육십이 명이며"(대상 26:8)라는 말씀을 통해 오벧에돔이 자손 번성의 복을 받은 사실을 확인할 수 있다. 문지기들 중에서만 그만큼의 자손이었으니 실제로는 훨씬 더 많은 자손들이 있었을 것이다. 생육하고 번성하고 땅에 충만하라고 하셨던 하나님의 말씀처럼 자손의 축복이 오벧에돔 가정에 임했다.

말씀은 곧 예수님이다. 예수님을 우리 삶의 중심에 모신다면 우리는 하나님의 축복을 자자손손 받게 될 줄 믿는다. 어떠한 어려움과 고난이 온다 할지라도 넉넉히 이길 힘을 주실 줄 믿는다. 그러니 우리도 하나님의 궤인 말씀을 마음에 모시고, 우리 집에 모셔야 한다. 오벧에돔의 가문처럼 온 가족이 하나님 중심, 말씀 중심, 교회 중심으로 살고 행동할 때 축복을 소유할 수 있다.

태초에 말씀이 계시니라 이 말씀이 하나님과 함께 계셨으니 이 말씀은 곧 하나님이시니라 그가 태초에 하나님과 함께 계셨고 만물이 그로 말미암아 지은 바 되었으니 지은 것이 하나도 그가 없이는 된 것이 없느니라 (요 1:1-3)

하나님의 일을 하다 당황스러운 일에 맞닥뜨리게 될 때, 하나님의 말씀인 예수님을 나 자신과 가정의 주인으로 모시자. 하나님이 오벧에돔에게 하신 것처럼 우리의 삶을 축복하실 것이다. 오벧에돔처럼 작은 일에 충성할 때 하나님의 임재와 하나님의 축복 가운데 거할 수 있다. 그리고 하나님의 복은 나에게만 임하는 것이 아니라 우리 집과 소유, 그리고 우리 후손에게까지 임한다. 하나님을 믿고 어떤 일이라도 순종하자. 그분은 순종하는 자에게 축복을 내리시는 분이다.

핏값의 예배

어떤 사람이 다윗 왕에게 놀라운 소식을 전했다. 하나님의 궤로 말미암아 오벧에돔의 집과 그의 모든 소유가 복을 받았다는 소식이었다. 다윗 왕은 이제야 하나님의 궤를 옮길 때가 되었다고 생각했다. 그는 하나님의 말씀대로 순종하기로 작정했다. 하나님의 방법대로 하나님의 궤를 옮기기로 한 것이다.

다윗은 하나님께 순종함으로 프리웨이를 달렸다. 그러다 그들은 함께 차를 타고 갔다. 말 그대로 카풀이었다. 카풀 레인은 프리웨이 옆에 있는 다인승 도로다. 다른 사람과 함께 달리는 곳이다. 다윗은 그와 함께한 신하들과도 혼연일체가 되었다. 함께 달렸기에 더 빨리 달릴 수 있었다. 목적지에 도달하기도 훨씬 쉬웠다.

> 어떤 사람이 다윗 왕에게 아뢰어 이르되 여호와께서 하나님의 궤로 말미암아 오벧에돔의 집과 그의 모든 소유에 복을 주셨다 한지라 다윗이 가서 하나님의 궤를 기쁨으로 메고 오벧에돔의 집에서 다윗 성으로 올라갈새 (삼하 6:12)

다윗 왕은 너무 기뻤다. 드디어 하나님의 궤를 예루살렘의 다윗 성으로 옮기는 방법을 발견했기 때문이다. 그는 자신의 권위로 할 수 있는 모든 것을 다 동원해서 하나님의 임재가 있는 곳으로 하나님의 궤를 옮기기 시작했다.

> 여호와의 궤를 멘 사람들이 여섯 걸음을 가매 다윗이 소와 살진 송아지로 제사를 드리고 (삼하 6:13)

다윗은 하나님의 궤가 들어오는 모든 순간을 놓치지 않고, 하나님께 영광과 존귀와 찬양을 드렸다. 여섯 걸음을 옮긴 후 다윗은 살진 황소를 잡아 하나님께 예배를 드렸다. 시간과 정성, 물

질과 인력 등 모든 힘을 다 쏟아 드린 예배였다. 계산할 수 없이 많은 대가를 지불한 예배였다.

> 하나님께 드리는 예배는 값없이 드릴 수 없습니다. 하나님께 예배하러 나갈 때 우리는 예수님의 피를 의지해서 나갑니다. 핏값을 지불하신 예수님을 의지해서 나갑니다. 예수님은 하나님 아버지를 예배하기 위해 자신의 생애를 드리셨습니다. 그리고 우리를 피로 사셔서 하나님께 올려 드렸습니다.
>
> /강준민, 『하나님을 기쁘시게 하는 예배자』(두란노서원, 2008).

2007년도 4월에 터키 말라티아에서 슬프고도 아름다운 순교가 일어났다. 틸만 게스케 선교사(46세)는 세 아이의 아버지로, 큰 출판사 한편에 사무실을 얻어 말라티아 복음교회 사무실로 사용했다. 그곳에서 복음의 밀수꾼처럼 성경책을 배포하고 성경을 가르쳤다. 사건 당일 아침, 틸만 선교사는 여느 날과 마찬가지로 아내와 아이들을 안아주고 뽀뽀해주며 집을 나섰다. 그리고 성경공부를 하러 사무실로 향했다. 틸만 선교사와 함께 사역하는 터키 현지인 사역자인 네자티 아이든 목사(35세)도 가족들과 인사를 하고 약속 장소로 향했다. 우르그 육셀도 이 성경공부에 참여했다.

같은 시각, 말라티아의 다른 편에서는 스무 살도 채 안 된 열 명의 청년들이 알라를 위해 그들의 생명을 바치기로 결정했다.

이들은 총과 식빵, 칼과 동아줄 그리고 수건을 갖고 그들의 알라에게 봉사하는 마지막 행동을 위한 준비를 완료했다.

성경 공부를 약속한 10시쯤이었다. 예정대로 성경 공부가 시작되었고, 네자티 목사가 성경의 한 장을 읽었을 때 그 청년들의 공격이 시작되었다. 그들은 우르그와 네자티 그리고 틸만의 손발을 의자에 묶고, 거의 세 시간 동안이나 혹독한 고문을 자행했다. 그들은 모든 장면을 녹화했다.

틸만은 156번이나 칼에 찔렸고, 네자티는 99번 그리고 우르그는 셀 수 없을 만큼 많이 찔렸다. 그들은 배를 갈라 창자를 꺼내 조각조각 잘랐고, 성기를 도려냈다. 손가락이 절단되었고, 코와 입과 항문이 도려내졌다. 가장 심한 것은 다른 형제가 당하는 고통을 직접 눈으로 보는 것이었다. 양쪽 귀에 이르기까지 목을 잘라 머리는 거의 절단되었다.

이 일이 있은 후, 틸만 선교사의 아내는 다음과 같은 글을 썼다.

"우리는 압니다. 그리스도 예수께서 우리의 형제들이 믿음을 지키기 위해 목숨을 내어 놓았을 때 거기 계셨음을…. 맞습니다. 주님은 거기 계셨습니다. 스데반이 다소 출신 바울의 면전에서 돌에 맞아 죽을 때 함께 계셨던 것처럼…. 우리는 압니다. 주께서 그들의 곁을 떠나지 않으셨다는 것을…. 우리는 압니다. 어둠이 정복당하지 않는 복음의 빛을 굴복시키려고 했을 때, 그들이 견딜 수 있게 힘이 되는 진리의 말씀이 그들의 마음속에 가득했었다는 것을…. 우리는 압니다. 그들이 서로 굳게 설 수 있도록 표정으로든 말로든 할 수 있는 어떤 방법으로든 서로를 격려했을 것을…. 우리는 압니다. 그들이 곧 그리스도와 함께 할 것을 알고 있었다는 것을…. 자세한 것은 우리는 모릅니다. 이 지상에서 어떤 정의가 작용하는지 아닌지 우리는 모릅니다.

그러나 우리는 기도합니다. 여러분께 기도를 요청합니다. 터키인을 사랑하여 선교사로서 그의 삶을 바친 틸만 형제의 고귀한 죽음의 간증을…. 그리고 네자티 형제와 우르그 형제가 터키교회의 첫 순교자가 된 단장(斷腸)의 간증사(干證史)를…. 이것들을 우리 모두의 마음 판에 새기고 이 땅에 하나님의 나라가 속히 임하게 되기를 간절히 기도해주시기 바랍니다. 틸만 선교사와 네자티 목사, 우르그 형제는 온몸과 생명을 하나님께 드렸습니다. 이것은 곧 대가를 기대하지 않는 실증적인 헌신의 예배입니다."

그렇다. 그들은 온전한 대가를 지불한 예배자였다. 예수님도 자신의 핏값으로 삶을 드린 예배자였다. 우리 역시 크고 작은 대가를 지불하는 예배를 드려야 할 때가 올 것이다. 그때 우리는 어떤 자세로 하나님께 나아갈 것인가? 나의 것을 기꺼이 드리며 대가를 지불하는 예배를 드릴 수 있을 것인가?

춤추는 예배자 다윗

하나님의 궤가 돌아올 때 다윗은 모시 에봇을 입고 여호와 앞에서 힘을 다하여 덩실거리며 춤을 추었다. 온 이스라엘 족속도 즐거이 환호하며 나팔을 불었다.

> 여호와의 궤를 멘 사람들이 여섯 걸음을 가매 다윗이 소와 살진 송아지로 제사를 드리고 다윗이 여호와 앞에서 힘을 다하여 춤을 추는데 그 때에 다윗이 베 에봇을 입었더라 (삼하 6:13-14)

춤추는 다윗은 이전과는 완전히 다른 사람이었다. 아비나답의 집에서 하나님의 궤를 옮길 때 하나님께서 궤를 멈추게 하심으로 당황했던 다윗과는 사뭇 달랐다. 마치 하나님 앞에서 어린아이와 같은 모습이었다. 아비나답 집에서의 권위적인 위엄은 전혀 찾아볼 수가 없다. 다윗 왕이 하나님과의 친밀함을 회복한 것이다. 그는 하나님의 임재 안에 들어가 감격의 예배를 드렸다. 지난날 경험했던 예배의 감격을 회복했고, 그로 인해 하나님 앞에서 전심을 다해 예배를 드렸다.

그는 먼저 예배하는 자였다. 그가 전심으로 예배했기에 하나님이 그에게 승리를 주셨다. 하나님의 도우심으로 그는 전쟁에 능한 왕이 되었다. 그가 전쟁을 치르면 늘 승리했다. 하나님을 경험한 예배, 하나님의 놀라움을 맛본 예배를 드렸기 때문이었다. 그는 예배가 무엇인 줄 아는 사람이었다. 예배의 대상을 정확하게 알고, 하나님과 친밀함을 유지하면서 예배를 드렸다. 다윗은 하나님의 말씀을 맛보아 알았다.

> 여호와를 경외하는 도는 정결하여 영원까지 이르고 여호와의 법도 진실하여 다 의로우니 금 곧 많은 순금보다 더 사모할 것이며 꿀과 송이꿀보다 더 달도다 (시 19:9-10)

다윗은 하나님의 말씀을 많은 정금보다 더 사모했다. 꿀보다 더 달게 여겼다. 다윗은 엄청난 금은보화를 가지고 누리면서 살았던 터라 금은보화가 얼마나 가치 있는 줄 아는 사람이었다. 또한 광야생활을 할 때 먹어 봤기 때문에 꿀과 송이 꿀이 얼마나 단지, 얼마나 큰 힘을 주는지도 알았다. 꿀은 기력을 회복시켜주는 사막 최고의 양식이었다. 다윗이 쓴 시들은 상상이나 추측으로 쓴 것이 아니었다. 그가 경험한 하나님과 그분의 말씀에 대한 내용이었다. 말씀이 그의 삶이 되니 그는 하나님을 더욱 예배했다. 다윗은 하나님의 이름을 영화롭게 했고, 그분을 영원토록 즐거워했다.

> 할렐루야, 여호와의 종들아 찬양하라 여호와의 이름을 찬양하라 이제부터 영원까지 여호와의 이름을 찬송할지로다 해 돋는 데에서부터 해 지는 데에까지 여호와의 이름이 찬양을 받으시리로다
> (시 113:1-3)

시편에는 하나님을 찬양하는 말들이 많이 나와 있다. 그들이 하나님을 높이고, 예배한 내용을 적은 것이다. 다윗을 비롯한 시편 저자들이 경험한 예배가 가득 담겨 있는 것이다. 다른 누구의 이야기도 아니다. 바로 그들 자신이 경험한 하나님에 대한 이야기이다.

다윗은 하나님을 예배하는 법을 아는 사람이었다. 그는 지식적으로나 형식적으로만 예배드리는 사람이 아니었다. 다윗의 예배는 생명을 건 예배였다. 죽음의 현장에서, 전쟁터에서 드리는 예배였다. 다윗은 예배를 통해서 하나님의 주권과 왕권을 인정했다. 그는 온 정성을 다해 예배드렸고, 하나님을 전적으로 의지하며 신뢰했던 왕이었다. 그의 예배는 체면과 체통을 지키며 보이는 데만 급급한 예배가 아니었다.

그런데 사울의 딸이자 다윗의 아내인 왕비 미갈이 그의 예배를 비웃었다. 그녀는 창문으로 다윗 왕이 여호와 앞에서 뛰놀며 춤추는 것을 보았다.

여호와의 궤가 다윗 성으로 들어올 때에 사울의 딸 미갈이 창으로 내다보다가 다윗 왕이 여호와 앞에서 뛰놀며 춤추는 것을 보고 심중에 그를 업신여기니라 (삼하 6:16)

여호와 앞에서 사는 삶, 코람 데오의 삶을 산 다윗은 하나님과 마음이 통한 사람이었다. 그는 여호와 앞에서 춤을 추는 것으로 하나님을 향한 자신의 마음을 표현했다. 그는 아주 기뻤다. 조금 있다가 다윗 왕은 자신의 가족을 축복하러 왕궁에 들어갔다. 다윗은 왕비 미갈이 기쁘게 마중 나오지 않아 의아했을지도 모른다. 사실 다윗은 미갈이 이런 말을 해주길 기대했을 것이다.

"여보, 정말 수고 많으셨어요. 하나님의 궤를 옮기시느라 얼마나 고생하셨어요? 그리고 얼마나 기쁘세요. 그래서 저 동구 밖에서부터 그리 춤을 추신 거죠? 사실 좀 당황스럽기도 했지만, 당신이 기뻐하니 나도 기쁩니다."

그러나 미갈은 다윗의 기대를 저버렸다. 오히려 그녀는 불편한 마음을 토로했다. 그녀는 다윗을 만나자마자 창피했다며 이렇게 말했다.

"오늘 이스라엘의 임금님이 건달패들이 맨살을 드러내고 춤을 추듯이, 신하들의 아내가 보는 앞에서 몸을 드러내며 춤을 추셨으니 임금님의 체통이 어떻게 되겠습니까?"

미갈은 이스라엘의 왕이 체통 없이 건달패들처럼 맨살을 드러내고 춤을 춘다고, 그것도 신하들의 아내가 보는 앞에서 그리 한다고 창피해했다. 다윗 왕을 업신여긴 것이다.

미갈의 말을 들은 다윗은 화내지 않고 왕비 미갈에게 대답했다. 사무엘하 6장 21-22절에 나온 다윗의 신앙고백은 성숙한 사람의 고백이었다. 이를 새번역 버전으로 풀어보면 다음과 같다.

그렇소. 내가 주님 앞에서 그렇게 춤을 추었소. 주님께서는, 그대의 아버지와 그의 온 집안이 있는데도, 그들을 마다하시고, 나를 뽑으셔서, 주님의 백성 이스라엘을 다스리도록, 통치자로 세워 주셨소. 그러니 나는 주님을 찬양할 수밖에 없소. 나는 언제나 주님 앞에서 기뻐하며 뛸 것이오. 내가 스스로를 보아도 천한 사람처럼 보이지만, 주님을 찬양하는 일 때문이라면, 이보다 더 낮아지고 싶소. 그래도 그대가 말한 그 여자들은 나를 더욱더 존경할 것이오.

다윗의 이 고백을 들으시고 하나님께서 얼마나 울컥하셨을까. 말로 다할 수 없는 감동을 받으셨을 것이다. 다윗은 그렇게 순간순간마다 하나님을 감동케 하여 하나님을 많이 울렸다. 사실 하나님께서 다윗을 이스라엘의 2대 왕으로 택하시기 전에 이미 하나님과 다윗은 서로 마음이 통한 관계였다.

다윗을 왕으로 세우시고 증언하여 이르시되 내가 이새의 아들 다윗을 만나니 내 마음에 맞는 사람이라 내 뜻을 다 이루리라 하시더니
(행 13:22)

다윗과 하나님은 통했다. 서로 마음이 맞았다. 죄를 범하는 일이 아니라면 다윗이 무엇을 하든지 하나님께서 기뻐하셨다. 왕이 되어 하나님의 궤를 옮길 때부터 다윗 성에 들어올 때까지의 행보를 보며 하나님은 기뻐하셨다. 다윗이 미갈에게 말한 내용

은 하나님의 심장을 멎게 할 충분한 이유가 되었다.

'내가 스스로를 보아도 천한 사람처럼 보이지만, 하나님을 찬양하는 일 때문이라면, 이보다 더 낮아지고 싶소.'

마치 사도바울이 죽음을 앞두고한 신앙고백 같다. 바울은 에베소 교회 장로들과 성도들과의 작별 시간에 하나님께 헌신하는 말을 건넨 후 서로 목을 끌어안고 울며 아쉬운 작별의 시간을 가졌다.

> 보십시오. 이제 나는 성령에 매여서, 예루살렘으로 가는 길입니다. 거기서 무슨 일이 내게 닥칠지, 나는 모릅니다. 다만 내가 아는 것은, 성령이 내게 일러주시는 것뿐인데, 어느 도시에서든지, 투옥과 환난이 나를 기다리고 있다는 것입니다. 그러나 내가 나의 달려갈 길을 다 달리고, 주 예수께 받은 사명, 곧 하나님의 은혜의 복음을 증언하는 일을 다하기만 하면, 나는 내 목숨이 조금도 아깝지 않습니다. (행 20:22-24, 새번역)

다윗과 바울은 한결같이 하나님을 높이는 일이라면 자신의 생명까지 드리려 했다. 자기가 낮아져 하나님의 이름을 높일 수 있다면, 스스로 비천하게 되겠다는 각오였다. 하나님의 복음이 땅 끝까지 전파되는 일이라면, 하나님의 사랑이 많은 민족에게 전달되는 일이라면, 생명을 조금도 아끼지 않겠다고 결단한 것이다.

반대로 미갈은 어땠는가? 그녀는 하나님의 이름이 높아지는 데는 관심이 없었다. 오로지 자신의 체면과 체통을 지키는 데에만 관심을 가졌다. 보이는 데에만 급급한 사람이었다. 미갈이 다윗이 하나님을 예배하며 춤추는 현장을 보며 당황하고 수치스러운 마음을 표현하지 않았다면, 상황이 달라졌을지도 모른다. 업신여기는 마음으로 무시했기에 되돌릴 수 없는 상황이 벌어졌다. 다윗은 미갈에게 저주하지 않았지만, 하나님은 미갈의 태도에 섭섭하셨던 것 같다. 그 결과 사울의 딸 미갈 왕비는 죽는 날까지 자식을 낳지 못했다.

미갈과 같은 생각과 말은 결국 죄로 연결된다. 이는 하나님을 업신여기는 큰 죄가 될 수 있다. 왜냐하면 하나님을 찬양하고 예배드리는 행위를 무시함으로 이 예배를 받으시는 하나님의 이름까지 망령되게 한 것이기 때문이다. 다윗도 하나님께서 세우신 이스라엘의 왕이었다. 미갈은 하나님의 기름 부음을 받은 그를 함부로 대해서는 안됐다.

구약성경에 왕과 제사장, 선지자는 하나님의 기름 부음을 받은 사람이었다. 다윗은 자기를 죽이려는 사울 왕을 제거할 기회가 여러 번 있었지만 그렇게 하지 않았다. 왜냐하면 그는 사울이 하나님께서 기름 부은 왕임을 인정했기 때문이다. 사울 왕은 다윗을 집요하게 추격하여 죽이려고 했지만, 다윗은 그를 경멸하거나 업신여기지 않았다.

오늘 여호와께서 굴에서 왕을 내 손에 넘기신 것을 왕이 아셨을 것이니이다 어떤 사람이 나를 권하여 왕을 죽이라 하였으나 내가 왕을 아껴 말하기를 나는 내 손을 들어 내 주를 해하지 아니하리니 그는 여호와의 기름 부음을 받은 자이기 때문이라 하였나이다

(삼상 24:10)

다윗은 이렇게 모든 삶 가운데 하나님을 인정한 사람이었다. 그런 다윗을 보며 하나님께서도 가장 마음에 합한 자라는 칭송을 아끼지 않으신 것이다. 다윗이 하나님의 마음에 꼭 들었다는 얘기다. 우리도 하나님 보시기에 다윗과 같은 존재가 되어야 한다. 하나님의 마음에 합한 사람, 하나님을 기쁘시게 하는 하나님의 마음에 꼭 드는 그런 사람이 되어야 한다.

코람 데오

'코람 데오'는 라틴어로 '하나님 앞에서'라는 뜻이다. 하나님 앞에서 모든 일을 한다면 우리는 당황하는 일이 없을 것이다. 혹시 당황하고 마음이 상해서 상처를 입는다 할지라도 하나님 앞이라면 회복될 수 있다.

다윗 왕처럼 하나님 앞에서 코람 데오의 삶을 산다면, 어떠한 상황에 맞닥뜨려진다 해도 당당하게 감사의 예배를 드릴 수 있다. 오벧에돔이 언약궤를 맡은 일이 축복으로 연결되었던 것처

럼 우리의 삶에 혹시 당혹스러운 일들이 일어날 때, 이것이 하나님으로부터 온 것인지 아닌지 영적으로 분별하여야 한다. 영적으로 예민하지 못해 하나님의 축복을 잃어버리는 일이 없도록 해야 한다.

미갈처럼 하나님을 예배하는 사람, 하나님께서 기름 부으신 사람을 홀대하며 업신여기지 말고 그들과 함께 예배하며 하나님을 높이는 일에 온몸과 마음을 드리는 사람이 되자. 그런 사람이 축복의 사람이다. 체면과 체통을 지키는 예배가 아닌 전심을 다해 예배하는 사람, 스스로를 볼 때 천한 사람처럼 보이더라도 하나님을 찬양하는 일 때문이라면 이보다 더 낮아져서 하나님을 예배하는 사람이 되어야 할 것이다. 이런 예배자는 주님 앞에서 죄 사함을 받고 거룩한 삶을 살며, 하나님 앞에서 결단하며 헌신한다.

하나님의 임재를 경험하면 절망과 위기를 극복할 수 있다. 성경의 많은 인물들이 절망과 위기를 통해서 하나님을 만났다. 그들은 고난 가운데 하나님의 영광스러운 임재를 경험했다. 하나님을 발견하고 자신을 발견했다. 자신의 죄인됨을 발견했고 자신의 사명 또한 발견했다.

절망과 위기의 때에 낙심할 필요가 없다. 두려워할 것도 좌절할 것도 없다. 우리는 혼란과 죽음의 위기 때에 눈을 들어 하늘을 봐야 한다. 진정한 예배자는 그럴 때일수록 높은 보좌에서 모든 것을 통치하시는 하나님을 바라본다. 어떤 일을 성취하기 위해서 하나님의 손을 구하기보다는 하나님의 얼굴을 구하는 것이 더 빠르다. 어려운 절망 가운데 살게 될 때 하나님의 손으로 이적과 기적이 일어나길 바라기보다 먼저 하나님의 성전으로 가야 한다. 그곳에서 하나님의 얼굴을 구해야 한다.

내 이름으로 일컫는 내 백성이 그들의 악한 길에서 떠나 스스로 낮추고 기도하여 내 얼굴을 찾으면 내가 하늘에서 듣고 그들의 죄를 사하고 그들의 땅을 고칠지라(대하 7:14)

하나님의 얼굴을 구한다는 것은 하나님과의 관계 회복이다. 하나님께 예배드리는 것이다. 그럴 때 하나님께서 당신에게 자신의 얼굴을 보여주실 뿐 아니라 하나님의 손으로 이적과 기적을 일으키실 것이다. 하나님이 그 존귀한 얼굴을 우리에게 보여주시며 우리에게 넘치는 축복을 허락하신다.

코람 데오의 신앙은 하나님만 의식하는 신앙이다. 하나님 앞에서 살아갈 때 우리는 의로울 수 있다. 사람 앞에 살며 사람의 시선을 의식하는 자가 아닌 하나님 앞에서 그분을 의식하며 의롭게 살아가는 자가 되어야 한다.

우리는 믿음으로 구원을 받는 존재이다. 그리고 진정한 믿음으로 행하며 살아야 한다. 하나님 앞에서 의로운 행함을 멈추지 않는 것, 그것이 우리가 가야 할 믿음의 경주이다.

네가 나를 사랑하느냐

예수님은 우리를 용서하시고, 구원하신 분이다. 예수님은 우리를 회복시키시고, 새로운 삶을 살게 하시는 분이다. 예수님은 다시 사명을 주시는 분이다.

예수님께서 십자가에 돌아가신 이후에 제자들은 좌절감과 상실감으로 잠을 이루지 못했을 것이다. 특히 베드로는 다른 제자들보다 더 괴로웠고, 자괴감에 빠져 후회하며, 가슴을 찢고 있었을 것이다. 제자들은 절망을 뒤로 하고 이전의 삶으로 돌아갔다.

"그래, 다 잊자. 다 잊고 예전에 우리가 살던 방식으로 살자. 예수님도 이제 우리 곁에 안 계시니…."

이런저런 생각을 하면서 시몬 베드로와 도마와 나다나엘, 세베대의 아들들과 다른 제자들이 함께 물고기를 잡으러 배에 올라탔다. 열심히 물고기를 잡았지만 그날은 아무것도 잡히지 않았다. 어쩌면 제자들은 아무것도 잡히지 않기를 바랐을지도 모른다. 만약 물고기가 너무 많이 잡히면 어떡하나 고민했을지도 모른다. 만약 많이 잡히면 예수님과 영영 멀어지지 않을까 만감이 교차하는 시간이었을 수도 있다.

베드로는 물고기를 잡으면서 처음 예수님을 만났던 날을 떠올렸을 것이다. 물고기가 하나도 잡히지 않는 것을 보며 그는 예수님을 기억하지 않았을까. 그리고 아마도 이렇게 기도했을 것이다.

"예수님, 다시 한번 물 위에 나타나 저를 도와주시지 않겠습니까? 물고기를 잡으러 오긴 했지만 저는 물고기가 잡히든 말든 아무 상관없습니다. 저는 그저 당신이 그립습니다."

그물에 물고기가 잡히는지 물고기가 그물을 잡는지 베드로와 제자들은 아무런 관심이 없었다. 그들의 머릿속에는 온통 예수님과 함께 했던 시간만이 필름처럼 지나가고 있었다.

그때 예수님이 나타나셨다. 따뜻하고 부드러운 목소리로 그들을 부르셨다.

"얘들아, 물고기 많이 잡았니?"

제자들이 대답했다.

"아니요. 밤이 깊도록 그물을 내렸지만 잡지 못했습니다."

이렇게 서로 대화할 때 제자들은 이미 예수님이 바다 위에 서서 말씀하시는 것을 알았다. 예수님께서 그물을 배 오른 편에 던지면 잡으리라고 말씀하셨고, 제자들은 말씀대로 그물을 던졌다. 그리고 그물을 들 수 없을 정도로 많은 물고기를 잡았다. 이 상황에서 베드로는 예수님께서 처음으로 베드로를 부르셨던 그때, 죄인으로 예수님을 만났던 그때를 떠올렸을 것이다. 하지만 당시의 베드로는 예수님을 3번이나 부인한 죄인이었다.

제자들은 밤이 깊도록 물고기를 잡느라 춥고 배가 많이 고팠다. 예수님께서는 육지에 이미 숯불을 준비해 놓으시고, 그들을 위해 생선과 떡을 준비해 놓으셨다.

"배고프지? 와서 아침 먹으렴."

예수님은 친절하게 제자들을 맞이하셨다.

"너희들, 어떻게 나를 버리고 이렇게 할 수 있냐? 정말 섭섭하구나. 내가 3년 동안 너희들과 어떻게 함께 했는데, 이런 식으로 나를 대하다니! 특히 너 베드로!"

예수님은 화내시지 않으셨다. 단지 이렇게 물으셨다.

"요한의 아들 시몬아, 네가 나를 사랑하느냐?"

이 말을 들은 베드로의 마음이 어땠을까.

"주님, 그렇습니다. 내가 주님을 사랑하는 줄을 주님께서 아십니다."

예수님은 우리가 잘못했을 때에도 그 어떤 꾸지람도 하지 않으신다. 그저 사랑한다고 말씀하신다. 제자들에게도, 베드로에게도 예수님은 그렇게 말씀하셨다.

"배고프지? 와서 아침 먹으렴."

혹시 주님과 멀리 떨어져 있는 사람이 있는가? 걱정할 것 없다. 다 괜찮다. 우리 주님은 언제나 다 괜찮다고 말씀하신다. 이사야가 성전에서 주님을 만나 회복되어 사명을 받은 것처럼, 베드로가 예수님을 부인하고 좌절 가운데 있을 때 주님이 찾아오셔서 회복의 길을 주시고 다시 사람 낚는 어부의 직책을 주셨다. 당신도 베드로와 같이 회복될 것이다. 주님과 관계를 회복하고 예배를 회복할 것이다. 예배가 회복되면 하나님께서 축복의 길로 인도해주실 줄 믿는다. 훼방자요, 핍박자요, 살인자였던 사도 바울을 용서하고 그에게 사명을 맡기실 때 하나님은 아나니아를 통해 이렇게 말씀하셨다.

주께서 이르시되 가라 이 사람은 내 이름을 이방인과 임금들과 이
스라엘 자손들에게 전하기 위하여 택한 나의 그릇이라 그가 내 이
름을 위하여 얼마나 고난을 받아야 할 것을 내가 그에게 보이리라
하시니 (행 9:15-16)

예수님은 바울에게 사명을 맡기실 때, 결코 그에게 아무 고난
이 없을 것이라고 약속하지 않으셨다. 오히려 예수님을 위해 말
할 수 없는 고난을 받을 것이라고 말씀하셨다.
  하나님은 우리에게 형통한 삶을 약속하셨다. 그렇다고 우리가
걸어가는 길에 아무런 문제가 없을 것이라고 약속하신 적은 없
다. 하나님은 우리가 문제를 통해 그리고 절망과 위기를 통해 하
나님이 허락하시는 형통을 경험하게 될 것이라고 약속하셨다.
하나님의 임재를 경험한 예배자는 문제를 문제로 보지 않는다.
문제 위에 계신 하나님을 바라본다. 절망과 위기를 오히려 축복
의 기회로 여긴다.

형제들아 나는 아직 내가 잡은 줄로 여기지 아니하고 오직 한 일 즉
뒤에 있는 것을 잊어버리고 앞에 있는 것을 잡으려고 푯대를 향하
여 그리스도 예수 안에서 하나님이 위에서 부르신 부르심의 상을
위하여 달려가노라 (빌 3:13-14)

사도바울은 하나님이 부르셨기 때문에 목표를 설정하고 프리

웨이를 달리기 시작했다. "뒤에 있는 것을 잊어버리고"라는 말은 과거의 모든 일이 귀하지 않다는 말이 아니다. 과거에 머물지 말라는 말이다.

때로 우리는 어떤 상황 가운데 멈춰 서야 할 때가 있다. 그러나 그것은 뒤로 물러서서 후회만 하는 시간이 아니다. 더 멀리 나아가기 위한 회복과 치유의 시간이다. 그러니 멈춤을 마치고 궤도에 올랐다면 달려야 한다. 더는 주저하지 마라. 이미 많은 믿음의 사람이 삶 가운데 주님의 프리웨이를 달리며 그분의 뜻을 이뤄갔다. 우리가 그 길의 산증인이 되어야 한다. 하나님이 정하신 시간에 행함의 길을 달리는 축복이 있기를 간절히 소망한다.

생명 다해 프리웨이

"형제들, 아무래도 우리 빠른 시일 내에 H국 경찰에게 잡힐 것 같아. 그러니 혹시 잡히면 우리 팀만 자폭(자살폭탄)합시다. 특히 W선교사가 제일 위험해. 아마 자네가 가장 먼저 잡힐 것 같아. 이곳에 10여 년이나 있었으니까 말이야."

얼마 전 복음의 자유가 없는 H국에서 크리스마스를 기념해 식사하면서 우리 팀과 나눈 이야기이다. 수년 전만 해도 H국에 있는 선교사들은 각개전투 식으로만 사역하고, 팀으로는 사역하지 않았다. 그 이유는 한 명이 잡히면 도미노처럼 모두 다 잡히기 때문이다. 각개전투 식으로 하게 되면 은밀한 활동이 보장되어 좋지만, 반면에 서로의 안부를 잘 모른다는 단점이 있다. 그래서 H국 YWAM 선교사들끼리 1년에 한 번씩 A나라에서 콘퍼런스를 갖는다. 아주 가끔 선교사들이 어려움을 당하는 일이 있었기 때문에, 그날이 되면 서로 잘 살아있는지 어떻게 지냈는지 확인한다.

몇 년 전부터 국제 YWAM 리더들은 6명 이상이 한 팀으로 사역한다는 규정을 만들었다. 그날도 우리 팀 6명이 동서남북에서 모였고, 선배 선교사인 내가 식사를 하면서 이 이야기를 했더니 분위기가 가라앉았다. 그렇지만 선교사들의 안전이 먼저였기에 모두 그대로 하겠다고 약속했다.

1년 후 그 일이 실제로 벌어졌다. 우리 팀 리더인 W선교사가 H국 경찰에게 잡혀서 취조를 받았다. 경찰은 팀 리더인 W선교사를 차에 태워 30~40분을 이동해 한적한 곳으로 데려갔다. 이전에 범인들을 심문하던 장소인지 어둡고 칙칙한 분위기였다. 큰 책상과 딱딱한 나무의자가 있었고, 삿갓 커버로 씌운 백열등도 있었다. 책상 위 한 곳에만 불빛이 집중해서 비치고 있어 다른 쪽은 더 어둡게 느껴졌다. 그 위에는 A4 용지가 두껍게 몇 다발로 쌓여 있었고, 사진도 잔뜩 있었다. W선교사와 우리 팀원들의 자료였다.

"저는 당신을 정치범으로 엮어서 평생 감옥에서 살게 할 수 있습니다."

H국 경찰이 말을 이어갔다.

"W선생, 당신이 지은 죄가 뭔지 아십니까? 선생은 비즈니스 비자로 와서 한 번도 비즈니스 한 적이 없어요. 대신 이곳저곳에서 제자훈련학교와 가정사역학교를 열고 가정교회에서 예배를 드렸죠. 게다가 우리 정부에서 불법으로 규정한 모임을 주도적으로 했습니다."

W선교사는 마음이 어려웠다. 하지만 끝까지 다른 도시에 있는 YWAM 팀에 대해서는 함구한 채 본인의 사역과 현지인 지도자들에 대해서만 이야기했다. 반면 경찰은 다른 지역의 선교팀과 사역자들에 대한 정보를 얻기 원했다. 그때 문득 작년 크리스마스 때 팀원들과 나눈 이야기가 생각이 났다.

'형제들, 얼마 있지 않아 우리가 H국 경찰에게 잡힐 것 같아. 그러니 혹시 잡히면 우리 팀만 자폭(자살폭탄)합시다.'

W선교사는 무거운 마음으로 우리 팀에 대해 이야기했고, 특히 나에 대한 고급정보를 경찰에게 넘겨주고 풀려났다. W선교사의 마음은 천근만근이었다. 그는 그날 하루 종일 연락을 받지 않았고 밤늦게 우리 집으로 찾아왔다.

"형님, 죄송합니다."

"무슨 일이 있었던 거야? 왜 하루 종일 연락이 안 돼?"

"예상했던 일이 벌어졌습니다. 경찰에 불려가 취조 받았어요. 결국 형님에 대해 다 이야기를 했습니다. 죄송합니다. 빨리 출국하시는 것이 좋겠어요."

나는 놀랐지만 그를 안심시키고자 침착하게 대답했다.

"아니야. 우리 작년에 서로 고발하기로 했잖아. 너는 몸 괜찮지? 다른 팀에 대해서는 함구했고?"

"예. 다른 팀에 대해서는 말하지 않았습니다. 우리 팀원들만 고발했습니다."

그렇게 말하고 그는 고개를 떨어뜨렸다. 그의 행동은 배신이 아니었다. 우리와 합의한 내용을 실천했을 뿐이다. 나는 비자를 해결하기 위해 김 사장에게 연락했다. 김 사장은 우리 단체 훈련을 받은 사람이라 이런 상황을 이해하고 적극적으로 지지하고 도와주는 사람이었다. 김 사장은 긴급하게 말했다.

"박 선생님, 비자를 취소해야 합니다. 빨리 이 나라를 떠나셔야 해요."

결국 나는 비자가 취소되어 간접 추방되었다. 그렇게 급하게 H국을 떠났고, 미국에 돌아와 YWAM NASA(Northern Asia and America Strategic Area) Window 선교연합을 맡아 사역 중이다. W선교사가족도 H국에서 나오게 되어 플랜 B를 준비하고 있으며 디아스포라 H국 민족을 제자화하고 선교사를 배출하는데 매진하기로 결정했다. 팀 멤버 중 아직 남아 있는 M선교사 가정은 지금까지 특별한 일없이 현지인 교회를 섬기고 제자 양육을 하고 있다.

그 기간은 한국에서 큰 인기를 끌었던 '미스터 션샤인'이라는 드라마가 막 끝난 시기였다. 나는 그 드라마를 보는 내내 눈물을 흘리며 기도를 했다. 미스터 션샤인에는 자신의 목숨을 고귀하게 바친 사람들이 나온다. 오직 나라의 주권과 자유를 위해 이름도, 명예도 없이 죽어간 독립군들, 그리고 아무런 연고도 없는 조선 땅을 위해 목숨을 바친 미국인 선교사가 그들이다.

'나는 과연 이곳에서 하나님의 나라를 위해 죽을 준비가 되어 있는가?'

그들을 보며 나의 신앙을 확인하는 시간을 가졌다. 그리고 그 여주인공이 읊었던 대사의 한 구절처럼, 나의 삶을 헌신하기로 결단했다.

"그렇게 환하게 뜨거웠다가 지려하오. 불꽃으로 죽는 것은 두려우나 난 그리 선택했소."

나는 다짐했다. 그리고 선포했다. 우리 동료들을 위해, 하나님의 나라를 위해 이름도 빛도 없이 사라질 것을 말이다.

우리의 인생길이 때론 구불구불하고 좁은 비포장도로일 때도 있다. 그러나 그 길 가운데도 주님은 계신다. 우리 손을 잡고 걸으시며 더 곧고 탄탄한 대로로 우리를 이끄신다. 주님이 허락하신 시간에 주님께서 인도하신 프리웨이를 달릴 그대들을 응원한다. 우리 각자의 갈 길을 다 마치고 프리웨이의 끝에서 만나 감격의 찬양의 부를 그 환희의 순간을 그려본다.

'우선멈춤'이 살아갈 힘을 충전하는 시간이었다면 '프리웨이'는 행동으로 옮기며 변화되는 시간이다. 이론을 실행에 옮기는 것은 씨를 심는 것과 같다. 씨는 딱딱하다. 씨는 땅에 심기 전에는 그냥 씨다. 생명이 없다. 그러나 씨가 땅에 심어지면 생명이 나온다. 열매를 맺는다. 그래서 지혜로운 사람은 날마다 씨를 심는다. 행동으로 옮긴다. 진정으로 기도하는 사람은 기도만 하고 있지 않는다. 기도도 하고 행동으로도 옮긴다. 믿음이 있다면서 기도만 하고 행동으로 실천하지 않는 것은 씨를 그대로 두는 것과 마찬가지이다.

>   내 형제들아 만일 사람이 믿음이 있노라 하고 행함이 없으면 무슨 유익이 있으리요 그 믿음이 능히 자기를 구원하겠느냐 만일 형제나 자매가 헐벗고 일용할 양식이 없는데 너희 중에 누구든지 그에게 이르되 평안히 가라, 덥게 하라, 배부르게 하라 하며 그 몸에 쓸 것을 주지 아니하면 무슨 유익이 있으리요 이와 같이 행함이 없는 믿음은 그 자체가 죽은 것이라 (약 2:14-17)

프리웨이를 걷는 자는 봄에 농부가 씨를 심는 것처럼 감사의 씨, 축복의 씨, 믿음의 씨, 기쁨의 씨, 중보기도의 씨, 찬양의 씨를 심는다. 그리고 하나님의 때가 되면 그 귀한 열매를 거둬들인다. 요셉은 이집트에서 총리로 지내던 7년간의 풍년에 곳간에 가득히 곡식을 채워놓았다. 그 이후 7년간의 흉년에 굶주린 백성들에게 그 곡식을 나누어주었다. 요셉 한 사람의 지혜로

에필로그

운 섬김으로 이집트가 흥왕하게 되고, 주변 국가도 축복을 받는 풍성한 기적을 창조한 것이다.

마약중독자이며 의사였던 프레드마컷 선교사님은 1970년대 서독에서 의사로 일하던 시절에 로렌 커닝햄 목사님을 만난다. 그리고 그분을 통해 하나님을 알게 된다. 프레드는 예수님을 영접하는 날, 자기를 전도했던 선교사와 선교팀이 동독에 복음의 밀수꾼으로 변장하는 모습을 보고 있었다. 그때 한 선교사님이 말했다.

"헤이! 프레드 뭐해요? 이것 좀 도와주세요. 우린 오늘 밤에 이 수백 권의 성경책을 동독 국경을 통과해서 지하교회에 전달해야 합니다."

8인승 차 안의 벽을 뜯어내고, 그 안에 성경책을 차곡차곡 집어넣었다. 프레드는 하나님을 알고 예수를 믿으면 이런 일을 해야 하나보다 하고 열심히 도왔고, 예수 믿은 첫날 목숨을 건 선교의 길을 그들과 함께 나섰다. 그는 예수님을 믿지 않던 '멈춤'의 시간이 끝나자마자, 하나님을 위해 달리고 또 달렸다.

그 이후로 25여 년이 지난 1999년, 우리가 첫 번째 안식년을 맞아 간 하와이 열방대학 수업에서 선교전략 강의를 하러 온 프레드 선교사님을 만날 수 있었다. 그분은 그때 그 시절을 회상하면서 감격의 눈물을 흘렸다. 그리고 하나님을 알고 하나님을 알리는 일이 우리의 삶에서 얼마나 놀라운 특권이며, 영광스러운 일인가에 대해 말씀하셨다. 잔잔하면서도 확신에 찬 그의 말에 우리는 큰 도전을 받았다.

조선 땅에도 많은 선교사가 왔다. 그들은 이 땅에 복음을 전하고, 몇몇은 순교하기도 했다. 양화진에 가면 그들의 묘소가 있다. 그들의 죽음은 아직도 많은 이들이 애도한다. 그 선교사들을 생각할 때마다 눈물이 난다. 이름 하나 제대로 남기지 못하고 조선 땅을 위해 죽어간 이들이다.

지금 이 순간에도 미국에서, 일본에서, 세계 각지에서 복음을 위해 잠잠히 준비하고 기다리는 사람들이 있다. 그 기다림은 죽음을 뛰어넘는 기다림이다. 그들은 인내함으로 기다리고 기회를 찾는다. 그들의 헌신과 위탁, 실천과 행동은 인내에서 만들어지는 결과물이다.

바울은 예루살렘으로 갈 때 다음과 같이 고백했다. 위험이 도사리고 있다는 걸 알면서도 그는 그 걸음을 멈출 수 없었다. 자신을 구원하신 예수 그리스도를 전파하는 일이라면 어디든 달려가겠다고 결심했다. 이미 생명을 얻었기에 그 길을 가는 것이 두렵지 않았다. 그는 진정으로 프리웨이를 타고 달리는 자였다.

보십시오. 이제 나는 성령에 매여서, 예루살렘으로 가는 길입니다. 거기서 무슨 일이 내게 닥칠지, 나는 모릅니다. 다만 내가 아는 것은, 성령이 내게 일러주시는 것뿐인데, 어느 도시에서든지, 투옥과 환난이 나를 기다리고 있다는 것입니다. 그러나 내가 나의 달려갈 길을 다 달리고, 주 예수께 받은 사명, 곧 하나님의 은혜의 복음을 증언하는 일을 다하기만 하면, 나는 내 목숨이 조금도 아깝지 않습니다.(행 20:22-24, 새번역)

우리 역시 이런 마음으로 계속 걸어야 한다. 주님이 다시 오실 때까지 달려가야 한다. 길이 좁을 수도 있고, 험난할 수도 있다. 그러나 사막과 같이 매우 험한 길이라도 미리 준비하면 어렵지 않다. 그 사막 끝엔 분명히 주님께서 우릴 기다리고 계신다.

때론 우리 삶에도 기다림이 필요하다는 것을 잊지 말아야 한다. 잠잠히 기다렸다가 주님이 달리라고 하시면 앞뒤 재며 망설이지 않고 열심히 달려가야 한다. 그것이 우리의 사명이다.

이제부터가 진짜 프리웨이의 시작이다. 주님 안에서 멈춰 서서 알게 된 것을 삶에서 실천해야 한다. 그분에 대해 알게 된 것을 우리가 알려야 한다. 그저 은혜를 받은 것으로 끝내서는 결코 안 된다. 주님의 길을 선택한 순간, 우리는 이미 출발선에 올랐다. 그 길이 어디든 상관없다. 더는 멈춰 있지 말고 주님의 프리웨이를 달릴 때다. 준비됐는가? 하나님이 함께 하실 것이니 두려워하지 말고 달려가라. 이젠 실전이다.

지금부터 프리웨이를 힘차게, 뜨겁게 달려보자.

프리웨이

지은이　박해영
2019년 7월 26일 1판 1쇄 펴냄

펴낸곳　도서출판 예수전도단
출판 등록　1989년 2월 24일(제2-761호)
주소　서울특별시 마포구 성지1길7 (합정동)
전화　02-6933-9981 · **팩스** 02-6933-9989
이메일　publ@ywam.co.kr
홈페이지　www.ywampubl.com

ISBN 978-89-5536-584-9

책값은 뒤표지에 있습니다.
잘못된 책은 바꾸어 드립니다.